www.ingramcontent.com/pod-product-compliance
Lightning Source LLC
LaVergne TN
LVHW010554070526
838199LV00063BA/4966
* 9 7 8 9 3 5 8 7 2 7 9 0 6 *

چند کلیاں نشاط کی

(مزاحیہ مضامین)

مرتب:

سید حیدرآبادی

Chand KaliyaaN Nashaat ki (Humorous Essays)
by: Syed Hyderabadi
Edition: February '2024
Publisher :
Taemeer Publications LLC (Michigan, USA / Hyderabad, India)

ISBN 978-93-5872-790-6

کتاب	:	**چند کلیاں نشاط کی** (مزاحیہ مضامین)
مرتبہ	:	**سید حیدرآبادی**
صنف	:	طنز و مزاح
ناشر	:	تعمیر پبلی کیشنز (حیدرآباد، انڈیا)
سالِ اشاعت	:	۲۰۲۴ء
صفحات	:	۱۰۰
سرورق ڈیزائن	:	تعمیر ویب ڈیزائن

فہرست

(۱) ایک اور ایک چار

مرزا فرحت اللہ بیگ

خدا نخواستہ مجھے ذاتی تجربہ تو نہیں لیکن یہ دیکھا اور سُنا ضرور ہے کہ پہلی زچگی میں تکلیف ضرور ہوتی ہے اور خاص کر ایسی صورت میں کہ یہ آفت اس وقت نازل ہو جب عورت ذرا پُرانی ہو گئی ہو۔ ایسا کیوں ہوتا ہے اس کو تو وہی بیبیاں بیان کر سکیں گی جن کو یہ مصیبت پڑ چکی ہے۔ ہاں اپنے گھر کا صرف ایک واقعہ دیکھ کر یقین آگیا ہے کہ واقعی یہ مثل صحیح ہے، "کہ جینا اور مرنا دونوں برابر ہیں۔"

وہ واقعہ کیا تھا۔ اس کو بھی سن لیجئے۔ ہماری بیگم صاحب جب سے گھر والی بن کر آئیں ہم اور وہ مل کر بس ایک اور ایک دو ہی رہے۔ سنتے تھے کہ گنڈے تعویضوں سے ایک اور ایک تین ہو جاتے ہیں لیکن کوئی گنڈا تعویذ حساب کے اس مسئلہ کو نہ توڑ سکا کہ ایک اور ایک برابر ہیں دو کے۔ آخر ہار مان لی اور سمجھ گئے کہ ہم دونوں بھی ایک ایک کر کے چل دیں گے اور اس طرح ایک دو تین ہو جائیں گے۔

یہ سب کچھ تھا، مگر دنیا بامید قائم کی دم برابر لگی ہوئی تھی، کوئی ڈاکٹر نہیں تھا، جس نے فیسوں سے جیب نہ بھری ہو، کوئی حکیم جی نہیں تھے جنھوں نے قدحوں کی بھرمار سے ہماری بیوی کا معدہ خراب نہ کیا ہو۔ کوئی وید نہیں تھے جن کی رسائیں "ہر چیز کی درکانِ نمک رفت نمک شد" نہ ہوئی ہوں۔ مگر ہماری بیگم صاحب کے جسم کا درمیانی حصّہ جیسے کا ویسا ہی رہا۔ انسان کی یہی وہ حالت ہے جس کو دنیاوی زبان میں لاچاری اور مذہبی

زبان میں قسمت کہتے ہیں۔ آخر تنگ آکر حکیموں، ڈاکٹروں، ویدوں، ملاؤں، داڑھی والوں، موچھوں والوں، صفا چٹوں، زلفوں والوں اور خرمنڈوں سب کو چھوڑ بیٹھے اور کیوں نہ چھوڑ بیٹھے۔ جب بچہ پیدا کرنا تو کجا ان میں سے کوئی یہ بھی نہ بتا سکا کہ اس شکمی بخل کے متعلق دونوں میں سے قصور کس کا ہے۔ میرا یا میری بیوی کا۔ جب کسی کام سے انسان لاچار ہو جاتا ہے تو ہمیشہ لعنت پر اُتر آتا ہے۔ ہم بھی انسان ہیں اس لیے ہم نے بھی یہی کہا کہ

"بچوں پر لعنت بھیجو جس طرح گھر کی حکومت رعایا کے بغیر صرف بادشاہ اور وزیر پر چل رہی ہے اسی طرح چلنے دو۔ میں اس وقت اس بحث میں جانا بے ضرورت سمجھتا ہوں کہ ہمارے گھر میں وزیر کون تھا اور بادشاہ کون۔ ہاں یہ اصول بتا دینا چاہتا ہوں کہ جس گھر میں بچے تشریف لے آتے ہیں، وہاں حکومت کی باگ بیوی کے ہاتھ میں آجاتی ہے کیونکہ میاں ڈرتے ہیں کہ اگر بیوی نے بغاوت پر کمر باندھ لی تو یہ ساری رعایا ان کے ساتھ ہو جائے گی اور پھر اس سلطنت بے آئین میں ٹکڑا کھانے کو نہ ملے گا۔ البتہ جہاں معاملہ برعکس ہوتا ہے، وہاں کا رنگ ہی کچھ دوسرا ہو جاتا ہے۔ کیونکہ بیوی ڈرتی ہیں کہ اگر اس بھلے مانس نے کوئی دوسرا وزیر مقرر کر لیا تو جینا مشکل ہو جائے گا اور وزراء کا اختلاف رائے سلطنت میں آفت بپا کر دے گا۔ لیکن یقین مانئے کہ ہمارے گھر میں اس اصول کے بر سرِ کار آنے کی وجہ باقی نہیں رہی تھی اور وجہ اس لیے باقی نہیں رہی تھی کہ اس کمترین کا وہ زمانہ بیوی کی دوا درمن گذر چکا تھا۔ جب سلطنت کو دو وزیروں کے ذریعہ سے چلانے کا خیال پیدا ہوتا ہے ایسا ہو سکتا ہے۔ اس لیے ہم نے ارادہ کر لیا کہ اب بہت گئی ہے تھوڑی رہی ہے اس کو بھی کسی طرح بڑی بی کے ساتھ رہ کر لشتم پشتم گزار دو۔"

الغرض کئی برس یونہی نکل گئے۔ ایک دن میں دفتر سے آکر بیٹھا ہی تھا کہ ہماری

بیگم صاحب کچھ شرماتی ہوئی آئیں اور میرے پاس بیٹھ گئیں۔ اب کچھ کہنا چاہتی ہیں مگر شرمائی جاتی ہیں۔ آخر بڑی ہمت کر کے ذرا نیچی آواز میں کہا، "اجی ایک بات کہوں۔" میں نے کہا، "کہیے۔ تمھیں کہنے سے کس نے روکا ہے۔ ایک نہیں سو باتیں کہو۔ مگر آج آپ کچھ جھینپی جھینپی سی کیوں ہیں۔" کہنے لگیں، "میں امید سے ہوں۔" یقین مانئے کہ میں بالکل نہ سمجھا کہ اس موقع پر "امید سے ہوں" کے کیا معنی ہیں اور ہوسکتے ہیں۔ یہ سچ ہے کہ کسی زمانے میں یہ پڑھا ضرور تھا کہ "امید سے ہونا" حمل سے ہونا کے معنی رکھتا ہے، لیکن اول تو یہ فقرہ ہماری بیوی صاحب نے کہا تھا، جن کا "امید سے ہونا" ایک خلاف امید واقعہ تھا۔ دوسرے امید میرے سالے کا نام بھی تھا۔ خیال یہ ہوا کہ شاید یہ گفتگو انہی حضرت سے متعلق ہے۔ تیسرے یہ کہ اگر یہ واقعہ خود ان سے متعلق تھا تو اس عمر کی عورت کو ایسی معمولی بات کے کہنے میں شرمانے کی کیا وجہ ہوسکتی تھی۔ بہر حال میں نے اُن سے کہا کہ، "ذرا وضاحت فرمادی جائے تو مناسب ہے۔" پھر کچھ شرما کر کہنے لگیں "کیوں ننھا بچہ بنتے ہو۔ تم کو یہ بھی معلوم نہیں کہ امید سے ہونا کس کو کہتے ہیں۔" اس وقت میں ذرا سمجھا۔ مگر اس واقعہ کو کسی طرح بھی اپنی بیگم صاحبہ سے متعلق نہ کر سکا۔ اس لیے میں نے کہا، "پیٹ سے ہے تو ہونے دو۔ ہماری اور تمہاری جوتی سے۔ جیسا کیا ہے ویسا بھرے گی۔" اس پر انھوں نے اس زور سے "نوج کی" کہ میں اچھل پڑا اور کہا "آخر اس پہیلیوں کے بوجھوانے سے کیا فائدہ۔ صاف کیوں نہیں کہتی کیا امید کی بیوی پیٹ سے ہے یا بی ہمسائی کی بیٹی۔" انھوں نے ذرا شرما کر کہا "میں۔" یقین مانئے کہ اگر کوئی بم کا گولہ ٹھیک میری چندیا پر گرتا تو اتنا جھٹکا نہ پڑتا جتنا اس "میں" سے پڑا۔

میں بیٹھا لکھ رہا تھا کہ قلم خود بخود میرے ہاتھ سے گر پڑا اور میں نے ٹھوڑی کو مٹھی میں بڑے زور سے دبا کر کہا، "کیا ارشاد ہوا؟ کیا آپ امید سے ہیں بس جانے بھی دو۔ اتنا

جھوٹ بولنے سے فائدہ۔" کہنے، "نہیں، میں سچ کہتی ہوں۔" میں نے کہا، "میں نہیں مانتا تمھارے کبھی پہلے کوئی بال بچہ ہوا ہے جو تمھیں معلوم ہو کہ پیٹ سے ہونا کس کو کہتے ہیں؟" کہنے لگیں، "واہ، یہ بھی خوب ہوئی۔ خاندان میں سینکڑوں بچے میرے سامنے ہو چکے ہیں، مجھے اتنا بھی معلوم نہیں کہ آثار کیا ہوتے ہیں۔" میں نے کہا، "اب جو تمہاری عمر ہے اس میں وہی شکل ہو جاتی ہے جو امید سے ہونے میں ہوتی ہے۔ جاؤ جاؤ۔ اپنا کام کرو۔ خواہ مخواہ کیوں جھوٹوں میں اپنی ہنسی اڑواتی ہو۔ قسم خدا کی اگر تمہارا یہ وہم نہیں گیا تو خاندان بھر میں نکّو ہو جاؤ گی اور ہر شخص تمہیں دیکھ کر اپنے پیٹ پر ہاتھ پھیرا کرے گا۔" کہنے لگیں، "آخر تم مجھے جھوٹا کیوں سمجھتے ہو۔ اللہ کی دین ہے جب نہ دیا اب دیا۔ میں نے سیتی دائی کو آج بلایا تھا، اس کا بھی یہی خیال ہے کہ۔۔۔" یہ کہہ کر انھوں نے گردن جھکا لی اور پھر مسکرا کر میرے پاس سے اُٹھ گئیں۔

اب جناب آپ ہی غور فرمایئے کہ اس خبر وحشت اثر کا مجھ پر کیا کچھ اثر نہ ہوا ہو گا۔ فرض کر لیجئے کہ چالیس پینتالیس برس کی بیوی پیٹ سے ہیں اور اس بیماری کا یہ پہلا حملہ ہے۔ ایسی صورت میں سوال یہ پیدا ہوتا ہے کہ اس سن میں یہ اس جھٹکے کو سہہ بھی سکیں گی یا نہیں اور فرض کیجئے کہ سہہ بھی گئیں تو سوال یہ ہے کہ لڑکا ہو گا یا لڑکی اور فرض کیجئے کہ وہ ہوا بھی یا ہوئی بھی تو سوال یہ ہے کہ اس بڑھاپے کی اولاد میں اتنی سکت بھی ہو گی کہ وہ جی سکے اور فرض کیجئے کہ وہ جیا بھی یا جی بھی، تو سوال یہ ہے کہ ہم اس وقت تک زندہ بھی رہ سکیں گے، جب تک وہ لڑکا پڑھ لکھ کر کھانے کمانے کے قابل ہو جائے یا وہ صاحبزادی صاحبہ جوان ہو کر "سپردم بتو مایۂ خویش را" بن سکیں۔

قصّہ مختصر یہ کہ بیگم صاحبہ کی اس "میں" نے لفظ "کُن" کی طرح خیالات کی ایک نئی دنیا قائم کر دی۔ مایوسی نے ہم دونوں کا اتنا دل توڑ دیا تھا کہ اس "چھپر پھاڑ" دولت کا

یقین ہی نہیں آتا تھا لیکن جب کسی ایسی دائیوں اور ڈاکٹرنیوں نے تصدیق کر دی جن کو میری بیوی سے مخالفت کی بظاہر کوئی وجہ نہیں ہو سکتی تھی۔ اس وقت بات پکی ہو گئی اور مجھے اور میری بیوی کو یقین ہو گیا کہ ہم دونوں عنقریب کسی مرد یا عورت کے ماں باپ بننے والے ہیں۔ اس واردات کے اطمینان کے بعد ہم میں اور ہماری بیوی میں دنوں تک کچھ کچھم کچھا بھی رہی۔ وجہ اختلاف وہی پیٹ کے اندر والی چیز تھی۔ میں کہتا تھا کہ بیٹا ہو تو اچھا۔ بیوی کہتی تھی کہ بیٹی ہو تو اچھا۔ میری یہ محبت تھی کہ بیٹا ہو گا تو جائیداد کا وارث ہو گا۔ ہم نے اپنی محنت سے جو کچھ پیدا کیا ہے وہ نیک لگے گا۔ بیوی فرماتی تھیں کہ بیٹی ہو گی تو ہوا کی طرح بڑھے گی۔ آج اتنی ہے کل اتنی ہو گی۔ پرسوں اتنی ہو جائے گی۔ کم سے کم مرنے سے پہلے ہم اس کا سہرا تو دیکھ لیں گے۔ غرض کوئی دن نہ جاتا ہو گا جو اس مضمون پر کچھ کشمکش نہ ہو جاتی ہو۔

زمانہ جس تیزی سے گزرتا ہے وہ سب ہی کو معلوم ہے۔ ایک مہینہ گیا۔ دو مہینے گئے۔ تین مہینے گئے اور متلی کے ساتھ ہی "اوع، اوع" کا وظیفہ دن رات پڑھا جانے لگا۔ لیکن آخر کہاں تک۔ یہ بھی ہوتے ہوتے ساتواں مہینہ لگ ہی گیا۔ ہماری بیوی کو اگر رنج تھا تو یہی تھا کہ اب خاندان کے بڑے بوڑھوں میں کوئی ایسا نہیں رہا تھا جو اس عمر میں ان کی گود بھرتا۔ کوئی ایسا نہیں رہا تھا جو تشریف لانے والے بزرگوار کے کپڑے سیتا۔ نھالچے اور تکنیاں تیار کرتا۔ کوئی چھوٹی موٹا زیور بنواتا۔ غرض جدھر نظر ڈالتے سارا میدان صاف پاتے۔ آخر خود ہونے والی زچہ ہی نے یہ دوسروں کا کام اپنے ذمّہ لیا اور چھپا چھپ کپڑے سلنے اور زیور بننے لگے۔ خیر کپڑوں کی حد تک تو مجھے بھی کچھ اعتراض نہ تھا کیونکہ لڑکی ہو یا لڑکا، دونوں کے کپڑے ایک ہی طرح کے ہوتے ہیں۔ مگر زیوروں کے معاملہ میں میری رائے بیگم صاحبہ سے ذرا مختلف تھی۔

فرض کیجئے کہ ان کے ہاں لڑکا ہوا تو ایسی صورت میں یہ زیور کہاں جائے گا اور حالت یہ ہے کہ زیور بناؤ تو سو روپیہ میں بنے اور نکالو تو پچیس روپے میں جائے۔ ہماری بیگم صاحبہ ایک حجت قائم کرتی تھیں، مگر مجھے اس سے اتفاق نہیں تھا۔ وہ کہتی تھیں کہ "اچھا سمجھ لو کہ اب کے لڑکا ہوا زیور رکھے رہیں گے۔ اس کے بعد انشاء اللہ لڑکی ہو گی۔ یہ زیور اس کے کام آئے گا۔" میں تو کیا، ذرا آپ ہی انصاف کیجئے کہ کیا اس حجت میں کوئی قوت ہے۔ جس عورت کے ہاں چھتیس برس تک لڑکا لڑکی ہونا تو در کنار، چوہے کا بچہ بھی نہ ہوا ہو، اس کا صرف ایک دفعہ امید سے ہو جانے کے بعد یہ سمجھ لینا کہ دنیا کی آبادی میں اضافہ کرنے کا تمغہ آئندہ اسی کو ملنے والا ہے، کس حد تک صحیح ہو سکتا ہے۔ مگر بھئی بات یہ ہے کہ اولاد ہونے یا کم سے کم ہونے کی توقع ہو جانے کی خوشی ایسی ہوتی ہے کہ ایسی چھوٹی چھوٹی خانہ جنگیوں سے اس پر کوئی اثر نہیں پڑتا اور بڑھاپے میں پہلا باپ بننا یا بننے کا متوقع ہونا انسان کے دماغ کے توازن کو بگاڑ دیتا ہے۔

اب کیا تھا، بیوی بیچ میں سے دن بدن کچھ بڑھتی ہی گئیں۔ آخر اتنی بڑھیں، اتنی بڑھیں کہ ایک دن میں نے جل کر کہا کہ "بیوی ذرا میں بھی تو سنوں کہ آخر تمھارا ارادہ کیا ہے۔ کیا کوئی پالا پوسا بچہ جننا چاہتی ہو۔" یہ سن کر وہ تو بگڑ گئیں اور کہنے لگیں، "تمہیں ایسی فال زبان منھ سے نکالتے وہم نہیں آتا۔ جو بوجھ ہے وہ مجھ ہی پر تو ہے۔ تم کیوں بلبلائے جاتے ہو۔"

ہوتے ہوتے ان کا گھیر پھیر ایسا بڑھا کہ چلنا پھرنا مشکل ہو گیا۔ پاؤں پر ورم آ گیا، سانس لینے میں دقت ہونے لگی اور خدا کی عنایت سے نواں مہینہ لگ ہی گیا۔ اب کیا تھا، ذرا کچھ پیٹ میں گڑبڑ ہوئی یا بچہ نے پھیر لیا اور بیگم صاحبہ پلنگ پر دراز ہو گئیں۔ تھوڑی دیر میں یہ درد کم ہوا اور بات پھر کل پر جا پڑی اور ہم بھی مایوس ہو کر دفتر چلے گئے۔ آخر

یہ ڈھوکے بازی کب تک چلتی۔ ایک دن وہ آ ہی گیا کہ ان کو سچ مچ کے درد شروع ہوئے۔ دردوں کا اٹھنا تھا کہ انھوں نے غل مچا کر سارے محلہ میں منادی کر دی کہ اب اس گھر کی بیوی بچہ کی ماں بننے پر پوری طرح تیار اور آمادہ ہیں لیکن بڑھاپے کی لاج رکھنے کے لیے انھوں نے کسی کو نہیں بلایا۔ جانتی تھیں کہ اگر ایک کو بھی اطلاع دی تو یہ بن کوڑی بن پیسہ کا تماشا دیکھنے سارا کنبہ الٹ آئے گا۔

ہاں یہ کیا کہ پہلے تو ایک کھوسٹ دائی کو بلوا لیا لیکن آدھ گھنٹے کے بعد ہی اس کو ناکافی سمجھا گیا۔ ڈاکٹرنی بلائی گئی۔ اس نے اپنی مدد کے لیے اپنی دوسری بہن کو بلا لیا۔ ان دونوں نے مل کر یہ صلاح دی کہ کسی بڑے ڈاکٹر کا بھی بلا لینا اچھا ہے۔ ان کے لگے بندھے ایک ڈاکٹر صاحب بھی آ گئے۔ اس کے بعد ان تینوں کی رائے ہوئی کہ "ڈاکٹر پھوڑ گاؤں کر" کا بھی آنا مناسب ہے، کیونکہ پہلی زچگی ہے اور زچہ کی عمر زیادہ ہے۔ یہ بھی آ گئے اور اپنے ساتھ ڈاکٹر سیفٹی کو بھی لائے۔ الغرض اتنے ڈاکٹر اور ڈاکٹرنیاں آئیں کہ تھوڑی دیر میں ہمارا گھر خاصہ جنرل ہاسپٹل بن گیا۔ خیر بیوی کو تو درد لگ ہی رہے تھے مگر مجھ کو بھی ان سے کچھ کم درد نہیں تھے۔ کئی تو دست آ گئے اور ٹانگیں اِدھر سے اُدھر اور اُدھر سے اِدھر پھرتے پھرتے شل ہو گئیں۔ جو کوئی ڈاکٹرنی اندر کے کمرے میں سے آتی اس سے پوچھتا، "کیوں کیا حال ہے۔ کب تک بچہ ہو جائے گا۔" وہ یہی جواب دیتی "ہو جائے گا۔ آپ گھبراتے کیوں ہیں۔" لیجئے سنا آپ نے ان کا جواب۔ یہاں تو بیوی کی جان کے لالے پڑے ہیں۔ ان کی چیخوں سے دل بیٹھا جا رہا ہے اور یہ بی صاحبہ فرماتی ہیں، "گھبراتے کیوں ہو؟ ہو جائے گا۔" طبیعت تو اس وقت بے قابو ہو جاتی تھی۔ جب ان ڈاکٹرنیوں میں سے کوئی آ کر کسی ڈاکٹر سے گھسر پھسر کرتی تھیں اور مزا یہ ہے کہ جب میں پوچھتا تھا کہ "کیا بات ہے؟" تو جواب رہتا تھا، "کچھ نہیں۔"

غرض اسی گڑبڑ میں ایک رات اور ایک دن گزر گیا۔ دوسرے دن رات کے کوئی دس بجے ہوں گے کہ اس اندر باہر کی آمد ورفت میں بہت تیزی آگئی۔ میں سمجھا کہ اب معاملہ بس لبِ دوچار پر آگیا ہے (خدا مغفرت کرے۔ میرے ایک دوست تفضل حسین تھے۔ وہ اکثر ایسے فقرے بولا کرتے تھے "دوچار ہاتھ جب کہ لبِ بام رہ گیا" کو انھوں نے مختصر کرکے "لب دوچار" کر دیا تھا ان کا یہ فقرہ بولنے میں تو کیا اکثر لکھنے میں بھی استعمال کر جاتا ہوں۔)

لیکن میری اس امید کو ڈاکٹر سیفٹی نے یہ کہہ کر خاک میں ملا دیا کہ "بچہ پایل ہے۔ زچگی ذرا مشکل سے ہو گی۔ شاید بے ہوش کرکے آلوں سے نکالنا پڑے۔" میں نے کہا، "ڈاکٹر صاحب، خواہ کچھ بھی کیجئے مگر میری بیوی کی جان بچا لیجئے۔ میں دھایا اس زچگی سے۔ ہم دونوں بغیر بچہ ہی کے اچھے تھے۔" ڈاکٹر صاحب نے پھر وہی بیہودہ فقرہ کہا کہ 'کہ آپ گھبراتے کیوں ہیں؟" لیجئے ان کی سنئے، ہماری بیوی کی تو جان پر بنی ہے اور یہ حضرت بڑے ٹھنڈے دل سے فرما رہے ہیں کہ آپ گھبراتے کیوں ہیں۔ ان کی بیوی پر اگر یہ گذر رہی ہوتی تو حقیقت معلوم ہوتی۔ اتنے میں اندر سے دائی نے آکر کہا، "چلیے بیگم صاحب آپ کو بلاتی ہیں۔" ایسی خطرناک جگہ جانے کی ہمت کرنا کوئی آسان کام نہیں ہے۔ وہ تو کہو کہ میں بچپن ہی سے کچھ مضبوط دل والا ہوں جو ذرا ڈرتے ڈرتے کمرہ میں چلا گیا۔ دیکھتا کیا ہوں کہ بیگم پلنگ پر لوٹ رہی ہیں اور ہائے ہائے کے نعرے مار رہی ہیں۔

مجھے دیکھ کر ان کی آواز کچھ اور اونچی ہو گئی اور لوٹنے میں بھی تیزی آگئی۔ میں پٹی کے پاس اکڑوں بیٹھ گیا، کچھ تسلی دینا چاہتا تھا کہ انھوں نے میرے کندھوں پر ہاتھ رکھ کر اس زور سے "ہائے مری" کہا کہ وہ تو وہ خود میرے آنسو نکل آئے۔ اس کے بعد انھوں نے اس نمونے کی باتیں کیں جو مرنے سے ذرا پہلے کی جاتی ہیں اور عرف عام میں وصیت

کہلاتی ہیں۔ ظاہر ہے کہ ہمارے بچے بالے ہوتے تو وصیت کا رنگ یہ ہوتا کہ

"ان بچوں کی خبر گیری کرنا ان کو تکلیف نہ دینا۔ میری ننھی کا دل بہت چھوٹا ہے اس کا دل نہ دکھانا۔ ننھے پر تم بہت خفا ہوتے ہو۔ میرے بعد خدا کے لیے ایسا نہ کرنا۔ اس کا ٹوٹا ہوا دل اور ٹوٹ جائے گا اور دیکھنا خدا کے لیے ان بچوں پر سوتیلی ماں نہ لانا وہ ان کو ستائے گی اور میری روح قبر میں بیقرار ہو گی۔"

لیکن ہم بال بچوں کی مصیبت سے آزاد تھے۔ اس لیے ہماری بیگم صاحبہ کی گفتگو ذرا دوسرے نمونہ کی تھی۔ ان کا اصرار تھا کہ "میرے مرنے کے بعد ہی دوسری شادی کر لینا۔ گھر میں کوئی نہ رہا تو تمھیں تکلیف ہو گی اور تمہیں تکلیف ہوئی تو میری روح بھی بے چین رہے گی؟"

غرض پریشان کرنے اور رونے رُلانے کی جتنی شکلیں ہو سکتی تھیں وہ انھوں نے رو رو کر اور بیچ میں ہائے ہائے کے گنڈے ڈال ڈال کر سب پوری کر دیں۔ جب وقت کا یہ سین کچھ حد سے زیادہ بڑھنے لگا تو ایک ڈاکٹرنی نے آکر مجھے زبردستی پلنگ کے پاس سے اٹھایا۔ گھسیٹ کر کمرے کے باہر کیا اور شاید میری بیوی کو سمجھایا بجھایا کیونکہ ہائے ہائے کے ساتھ ہچکیوں کے جو سُر تھے وہ بند ہو گئے۔ کمرے سے باہر نکلنے کے بعد میری بس وہی حالت ہو گئی جو میدان جنگ کو دیکھنے کے بعد کسی کمزور دل والے سپاہی کی ہو جاتی ہے اور یہ کمزوری اس طرح دفع کی جاتی ہے کہ جس جس طرح اور جس جس پہلو سے ممکن ہو دعا مانگی جائے۔

اب رہا یہ امر کہ دعا کے الفاظ صحیح نکلتے ہیں یا غلط تو اس کا حال خدا ہی بہتر جانتا ہے۔ ہم نے بھی یہی پُرانا اور آزمودہ کار طریقہ اختیار کیا۔ جب کمرے کی آوازیں تیز ہو جاتی تھیں، اس وقت اس وظیفہ میں بھی تیزی آجاتی تھی اور جب دھیمی پڑ جاتی تھیں تو وظیفہ

بھی ذرا مدھم ہو جاتا تھا۔ اب ڈاکٹروں میں یہ بحث شروع ہوئی کہ درد بڑھانے کے لیے پچکاری دینی مناسب ہے یا نہیں۔ کچھ عجیب بات ہے کہ جو شخص زیادہ تعلیم یافتہ ہوتا ہے وہ اپنے سے کم پڑھے لکھے شخص کی بات ماننا اپنی توہین سمجھتا ہے، جو کم تعلیم یافتہ ہوتا ہے، وہ سمجھتا ہے کہ یہ دوسرے صاحب اپنی تعلیم کا دباؤ مجھ پر ڈال رہے ہیں۔ ان سے دبنا گویا اپنی نظروں میں خود اپنے آپ کو ذلیل کرنا ہے۔ یہی صورت یہاں بھی پیش آئی اور حجت طول پکڑ گئی۔ ابھی ان لوگوں میں یہ بحثم بحثی ہو رہی تھی کہ اندر کے کمرے سے اس زور کی چیخ آئی کہ میں نے بلا سوچے سمجھے "اناللہ" پڑھ لی۔ ساتھ ہی ایک ڈاکٹرنی صاحبہ اندر سے تشریف لائیں اور کہا کہ "اب پچکاری کی ضرورت نہیں ہے۔" جس کے معنی یہ ہوئے کہ جن کو پچکاری دی جا رہی تھی وہ ختم ہو گئیں۔ یہ سوچ کر میں نے بھی ایک چیخ ماری اور ڈھاڑیں مار مار کر رونے لگا۔ میری یہ حالت دیکھ کر ڈاکٹر سیفٹی میرے پاس آئے اور کہا، "مسٹر تم کیوں روتا ہے، بیگم صاحب کے اب بچہ ہو گا۔" میں نے بسور کر کہا، "وہ تو مر گئیں" کہنے لگے، "نُو۔ نوُ ابھی جینا سکتا ہے۔" مجھے ان کی بات کا یقین نہیں آتا تھا مگر جب دوسرے ڈاکٹروں سے بھی اس کی تصدیق کی اس وقت کہیں جا کر کچھ اطمینان ہوا اور انہیں کے کہنے سے میں زنانے کمرے کے دروازہ سے کان لگا کر کھڑا ہو گیا۔ پہلے تو ڈاکٹرنیوں کی آوازوں میں بیوی کی آواز سنائی نہیں دی۔ لیکن تھوڑی دیر کے بعد ان کی اونھ اونھ بھی سنائی دینے لگی۔ ابھی پوری طرح اطمینان کا سانس نہیں لیا تھا کہ بیوی نے زبردست چیخوں پر چیخیں مارنی شروع کیں۔ بھلا ایسی حالت میں مجھ سے دروازہ پر کیا ٹکا جاتا۔ بھاگا، بری طرح بھاگا اور برآمدہ میں ٹہل ٹہل کر وظیفے پڑھنے شروع کر دیے۔ چیخوں کی رفتار، تیزی اور بلندی برابر بڑھی چلی جا رہی تھی۔ آخر ایک اس زور کی چیخ آئی کہ تمام گھر ہل گیا اور اس کے ساتھ ہی ایک ڈاکٹرنی صاحبہ ہنستی ہوئی کمرے سے نکلیں اور

میرے پاس آکر کہنے لگیں، "مبارک ہو بچہ ہوا۔" میں نے کہا، "لڑکا یا لڑکی؟" جواب ملا، "یہ ابھی نہیں بتا سکتی۔"

اب ذرا میرے سوال اور اُن کے جواب پر منطقی پہلو سے غور کیجئے۔ یا تو میری یہ حالت تھی کہ ڈاکٹروں کی خوشامد کر رہا تھا کہ بچہ جائے جہنم میں کسی طرح میری بیوی کی جان بچاؤ۔ یا اب جو یہ مشکل آسان ہوئی تو یہ فکر پڑی کہ لڑکا ہوا یا لڑکی اور ساری مصیبتوں کو بھول کر جنسی اختلاف کے مسئلہ کو حل کرنے کی سوجھی۔ ڈاکٹرنی نے جو جواب دیا وہ مشاہدہ انسانی کے بالکل خلاف تھا کیا۔ اس امر کا تصفیہ کرنے میں کہ جو بچہ پیدا ہوا ہے لڑکی ہے یا لڑکا کوئی دقّت پیش آسکتی ہے مگر وہ تو کہو کہ ان ماہران فن کو اپنی قابلیت کا سکہ بٹھانے کا یہی موقع ہوتا ہے۔ بٹھا گئے۔ ادھر ڈاکٹر پھر اندر گئی اور ادھر میں نے شکرانہ کے دو نفل پڑھنے کے لیے جانماز بچھائی۔ لیکن یہ دونوں نفل اتنی جلد ختم ہوگئے کہ مجھے خود تعجب ہوتا تھا اور ساتھ ہی ساتھ یہ بھی خیال آتا تھا کہ شاید ایک ہی رکعت کے بعد سلام پھیر دیا۔ خیر اللہ میاں تو انسان کی نیت دیکھتے ہیں۔ یہ تھوڑی گنتے ہیں کہ اس نے کتنی رکعتیں پڑھیں۔ زنازن پڑھیں یا طوطے کی طرح ادوان پر چل کر۔ لیجئے، ہم بھی بچے والے ہوگئے۔

ابھی یہاں مبارکبادیاں چل رہی تھیں کہ دائی نے آکر "ڈاکٹر چھوڑ گاؤں کر" کے کان میں کچھ کہا۔ انہوں نے ڈاکٹر سیفٹی سے کچھ کانا پھوسی کی اور ڈاکٹر سیفٹی نے مجھ سے آکر کہا کہ "ایک اور آنا مانگتا ہے۔" اب میں بھی دیکھوں کہ وہ ایسے کون بوجھ بوجھکڑ ہیں جو ڈاکٹر سیفٹی کے اس فقرہ کو سمجھ سکیں۔ میں نے بلا سوچے سمجھے "اونھ" کر دی۔ مگر اس کے ساتھ ہی اندر کے کمرے کی گڑبڑ اور بیوی صاحبہ کی مکرر اور مستقل چیخوں نے اس فقرہ کے معنی کھول دیے کہ ایک اور صاحب تشریف لانے والے ہیں۔ بعض دفعہ عالم

بالا والے بھی دعاؤں کے سمجھنے میں کچھ غلطی کر جاتے ہیں۔ یہ ضرور ہے کہ میں لڑکے کی دعا مانگتا تھا اور ہماری بیگم صاحبہ لڑکی کی۔ لیکن اس کے یہ معنی تو ہرگز نہیں تھے کہ دونوں کی دعائیں ایک ساتھ قبول کی جائیں اور ایک کے بجائے دو بچے عنایت ہوں۔ مگر کیا کیا جائے، جب دونوں دعائیں قبول ہو چکی تھیں تو ان کا اثر ظاہر ہوئے بغیر رہ تھوڑی سکتا تھا۔ غرض پھر رونے کا وہی غل، شور اندر، اور ٹہلنے اور وظیفہ پڑھنے کا زور باہر ہونے لگا۔ خدا خدا کرکے یہ دوسری مشکل بھی آسان ہوئی اور ہم سمجھے کہ چلو، گنگا نہا لیے۔ اس کو کچھ دیر نہ گزری ہی تھی کہ اُبکائیوں کا سلسلہ بیوی صاحبہ نے لگا دیا۔ مجھے ڈر ہوا کہ آنول نکالنے کے لیے چوٹی کے بال مُنہ میں ڈال کر یہ ابکائیاں لوائی جا رہی ہیں (یہ طریقہ حیدرآباد میں عام طور سے رائج ہے۔) اس وقت پریشانی رفع ہوئی۔

غرض اس گڑبڑ میں صبح ہوگئی۔ ڈاکٹر اپنی اپنی فیس لے کر رخصت ہوئے۔ ڈاکٹرنیوں نے دونوں بچوں کو نہلا دھلا کر زچّہ کے دونوں پہلوؤں میں لٹا دیا۔ باہر آکر مجھے مبارکباد دی۔ فیسیں لیں اور خدا حافظ کہا۔ اب گھر میں ہماری بیوی اور ایک کھوسٹ دائی رہ گئے۔ تھوڑی دیر میں اُس نے آکر کہا، "میاں، آیئے بچوں کے کان میں اذاں دے دیجئے۔"

یہ ذرا ٹیڑھی کھیر تھی۔ اول تو کبھی اذان دی ہی نہیں تھی۔ دوسرے یہ کہ بچے کے کان میں اذان دیتے کسی کو سنا بھی نہیں تھا اور سب سے زیادہ مشکل یہ تھی کہ اذان دی جائے تو کس درجہ تک بلند کیا جائے۔ لیکن دقت یہ آن پڑی تھی کہ گھر میں ہمارے سوا کوئی مرد تھا ہی نہیں۔ اس لیے ہم ہی بسم اللہ کہہ کر اذان دینے کو تیار ہو گئے۔ اندر گئے۔ بیوی دوشالہ تانے لمبی لمبی پڑی تھیں۔ مجھے دیکھ کر کچھ شرما گئیں اور آنکھیں بند کر لیں۔ میں نے کہا، "واہ بیوی واہ۔ یا تو اتنی ٹھس تھیں کہ ایک بچہ دینا بھی گوارا نہ تھا یا اب دو دو کی لین لگا دی ہے۔ اگر یہی دو اور دو چار اور دو چھ کا سلسلہ چلا تو پھر تمہارا اور میرا اللہ ہی

مالک ہے۔ بس ایک بات کرو۔ اول تو بچہ کے لیے دعا ہی نہ مانگو اور اگر مانگو تو پہلے مجھ سے کہہ دیا کرو تا کہ ایسا نہ ہو کہ میں بھی دعا مانگوں اور پھر اس کی منظوری میں کچھ غلط فہمی ہو جائے۔" بیوی مُنھ سے تو کچھ نہ بولیں۔ ہاں مُسکرا کر چپ ہو گئیں۔ آپ نے دیکھا کہ واقعات کے تھوڑے سے ادل بدل میں میری اور ان کی حالت میں کتنا فرق آیا۔ سچ ہے کہ دل کو اطمینان ہونے کے بعد انسان کو اسی طرح مذاق کی سوجھتی ہے۔ خیر کچھ بھی ہو، ہم میاں بیوی نے مل کر یہ تو ثابت کر دیا کہ ایک اور ایک مل کر چار ہوتے ہیں نہ کہ دو۔ اور ساتھ ہی میر تقی میرؔ کے اس شعر کا کہ؛

غم ساتھ ہوا گلی سے اس کی
ایک آئے تھے اور دو گئے ہم

اس طرح جواب دے دیا کہ

بیوی کے ہوئے ہیں جڑواں بچے
دو پہلے تھے چار ہو گئے ہیں

قصہ مختصر یہ کہ آج کی تاریخ سے ہم کو کسی قدر یقین ہو گیا ہے کہ ہمارا سلسلۂ نسب دنیا کی تاریخ میں کچھ عرصہ بظاہر چلنے والا ہے۔ لڑکے کا تاریخی نام تو میں نے "مشکل ورود خاں" رکھ لیا ہے۔ البتہ لڑکی کا نام ٹھیک نہیں بیٹھتا اس لیے دوستوں اور عزیزوں اور خاص کر شعرا صاحبان ملک سے دست بستہ عرض پرداز ہوں کہ کوئی مناسب نام تجویز کر کے ممنون و مشکور فرمائیں لیکن اس کا خیال رہے کہ اَترسوں عقیقہ ہونے والا ہے اور بقول ہماری بیوی صاحبہ کے عقیقہ ہی میں نام ڈالنے کا قاعدہ ہے۔ اب یہ نام ڈالنا چہ معنی دارد۔ اس کو وہ سمجھتی ہوں تو سمجھتی ہوں میں تو نہیں سمجھتا۔

(۲) میرا من پسند صفحہ

کرشن چندر

کچھ لوگ صبح اُٹھتے ہی جماہی لیتے ہیں، کچھ لوگ بستر سے اُٹھتے ہی ورزش کرتے ہیں، کچھ لوگ گرم چائے پیتے ہیں۔ میں اخبار پڑھتا ہوں اور جس روز فرصت زیادہ ہو اس روز تو میں اخبار کو شروع سے آخر تک معہ اشتہارات اور عدالت کے سمنوں تک پورا پڑھ ڈالتا ہوں۔

یوں تو اخبار سارے کا سارا اچھا ہوتا ہے لیکن عام لوگوں کے لیے اخبار کا ہر صفحہ اتنی دل چسپی نہیں رکھتا۔ میں نے ایسے لوگ بھی دیکھے ہیں جو اخباروں میں صرف ریس کا نتیجہ دیکھتے ہیں یا وہ صفحہ جس پر روئی، تلی، پیتل، لوہا، تانبا، پٹ سن، سونا، چاندی، گڑ، پاپڑ اور آلوؤں کے سوکھے قتلوں کے بھاؤ درج ہوتے ہیں اور ایسے بھی لوگ ہیں جو اخبار کا پہلا صفحہ ہی پڑھتے ہیں جس پر بڑی وحشت ناک خبریں موٹے موٹے حروف میں درج ہوتی ہیں۔ روز قتل اور ڈاکہ اور بد دیانتی اور خون خرابے کے واقعات کو بڑی بڑی سرخیوں میں چھاپا جاتا ہے۔ بعض لوگ اخبار کے ہاتھ میں آتے ہی اُس کا اداریہ کھول کے پڑھتے ہیں جس پر آج ایک چیز کے حق میں لکھا گیا ہے تو کل اُسی ذمہ داری سے اُس چیز کے خلاف لکھا جائے گا اور اگر پہلے دن آپ اس چیز کے حق میں ہوں گے تو دوسرے دن اس کے خلاف ہو جائیں گے۔ یار لوگوں نے اس صورت حال کا نام رائے عامہ رکھ چھوڑا ہے۔ خیر اپنی اپنی سُوجھ بُوجھ۔

سچ پوچھیئے تو مجھے اخبار کے ان صفحوں میں سے کوئی صفحہ پسند نہیں۔ ریس کے ٹپ

اکثر غلط نکلتے ہیں۔ میں کئی دفعہ غچّا کھا چکا ہوں اور ریس کے اخباری ماہر کی جان کو رو چکا ہوں، روئی، پٹ سن اور پاپڑ کے بھاؤ بدلتے دیکھے ہیں، سونا تو خیر سونا ہے لیکن چاندی کا بھاؤ بھی آج کل یوں بڑھ رہا ہے کہ سمجھ میں نہیں آتا کہ کون سی دھات اچھی ہے، سونا یا چاندی؟ یہی حال ملوں، کارخانوں اور بینکوں کے حصّوں کا ہے۔ ان میں اس قدر تیزی مندی دکھائی دیتی ہے کہ میں نے تو اب یہ صفحہ پڑھنا ہی چھوڑ دیا ہے۔ پہلا صفحہ بھی میں نے پڑھنا چھوڑ دیا ہے۔ کبھی یہ میرا من پسند صفحہ تھا، لیکن متواتر دو سال تک اس صفحہ کی خونیں اور تھرا دینے والی چیزیں پڑھ کر مجھے اختلاجِ قلب ہو گیا ہے اور اب ڈاکٹروں نے مجھے اس صفحہ کے پڑھنے سے منع کر دیا ہے اور جو لوگ کہ نہیں چاہتے ہیں کہ ان کے دل کی حرکت اک دم بند ہو جائے ان کے لیے بھی پرہیز مفید رہے گا۔

آج کل میرا من پسند صفحہ وہ ہے جو پہلا صفحہ اُلٹنے کے فوراً بعد آتا ہے۔ میں دوسرا صفحہ جس پر صرف اشتہار ہوتے ہیں، میرے خیال میں یہ اخبار کا سب سے سچا، سب سے عمدہ اور سب سے دلچسپ صفحہ ہوتا ہے۔ یہ انسانوں کے لین دین اور تجارتی کاروبار کا صفحہ ہے۔ ان کی ذاتی مصروفیتوں اور کاوشوں کا آئینہ دار ہے۔ ان کی زندگی کی ٹھوس سماجی حقیقتوں کا ترجمان ہے۔ یہاں پر آپ کو کار والے اور بے کار ٹائپسٹ اور مل مالک مکان کی تلاش کرنے والے اور مکان بیچنے والے، گیراج ڈھونڈنے والے اور ذاتی لائبریری بیچنے والے، کُتے پالنے والے اور چوہے مارنے والے، سرسوں کا تیل بیچنے والے اور انسانوں کا تیل نکالنے والے، پچاس لاکھ کا مل خریدنے والے اور پچاس روپے کی ٹیوشن کرنے والے سبھی بھاگتے دوڑتے، چیختے چلاتے، روتے ہنستے، نظر آتے ہیں۔ یہ ہماری زندگی کا سب سے جیتا جاگتا صفحہ ہے جس کا ہر اشتہار ایک مکمل افسانہ ہے اور ہر سطر ایک شعر۔ یہ ہماری دنیا کی سب سے بڑی سیر گاہ ہے جس کی رنگارنگ کیفیتیں مجھے گھنٹوں مسحور کئے رکھتی ہیں۔

آیئے آپ بھی میرے اس من پسند صفحہ کی دلچسپیوں میں شامل ہو جایئے۔ دیکھئیے یہ ذاتی کالم ہے۔

نائیلان جرابوں کا اسٹاک آگیا ہے، بیوپاری فوراً توجہ کریں۔ آپ کہیں گے یہ تو کوئی ذاتی دل چسپی کی چیز نہیں ہے۔ بھئی ہمیں نائیلان جرابوں سے کیا لینا، یہ صحیح ہے لیکن ذرا صِنفِ نازک سے پوچھیے، جن کے دل یہ خبر سُن کر ہی زور سے دھڑک اُٹھے ہوں گے اور ٹانگیں خوشی سے ناچنے لگی ہوں گی۔ آج کل عورت کے دل میں نائیلان جراب کی وہی قدر و قیمت ہے جو کسی زمانے میں موتیوں کی مالا کی ہوتی تھی۔ آگے چلیے۔

ڈارلنگ فوراً خط لکھو، معرفت ایس ڈی کھرونجہ نیلام پور۔ کون ڈارلنگ ہے وہ۔ کسی مصیبت میں ہے وہ۔ وہ کیوں اس کے گھر یا کسی دوست یا سہیلی کے ہاں خط نہیں بھجوا سکتا۔ اخبار میں یہ اشتہار کیوں دے رہا ہے کہ بیچارہ دیکھیے کیسی کیسی مجبوریاں ہوں گی، اس بیچاری لڑکی کے لیے بھی۔ وہ بھی میری طرح ہر روز یہ اخبار کھولتی ہو گی۔ اس میں ذاتی کالم دیکھتی ہو گی اور اپنے لیے کوئی خبر نہ پاکر کیسی اُداس اور رنجور ہو جاتی ہو گی اور آج جب وہ ذاتی کالم میں یہ خبر پڑھے گی تو کیسے چونک جائے گی، خوشی سے اس کا چہرہ چمک اُٹھے گا۔ مسرّت کی سنہری ضیا اس کی روح کے ذرے ذرے کو چمکا دے گی اور وہ بے اختیار اخبار اپنے کلیجے سے لگالے گی اور اس کی لانبی لانبی پلکیں اس کے رخساروں پر جھک جائیں گی یعنی اگر اس کی لانبی پلکیں ہوئیں تو ورنہ یہ بھی ہو سکتا ہے کہ اس کی پلکیں نہایت چھوٹی چھوٹی ہوں، جیسے چوہیا کے بال ہوتے ہیں اور ماتھا گھٹا ہوا ہو۔ کچھ بھی ہو وہ ایس ڈی کھرونجہ کی ڈارلنگ ہے۔ ایس ڈی کھرونجہ کون ہے؟ اب اس کے متعلق آپ اندازہ لگایئے۔ ممکن ہے وہ کوئی بھڑونجہ ہو یا معمولی کلرک ہو یا ہلاس مونی گولیاں بیچنے والا ہو یا نیلا پور میں رس گلے اور بنگالی مٹھائی کی دوکان کرتا ہو یا کسی بڑے مل کا مالک ہو وہ یہ سب

کچھ ہو سکتا ہے اور اب سوچتے جائیے دیکھیے زندگی کس قدر دلچسپ ہوتی جا رہی ہے۔

اس سے اگلا کالم دیکھیے، یہ مکانات کا کالم ہے۔ یہ بھی بے حد دلچسپ ہے کیونکہ آج کل مکان کہیں ڈھونڈے سے بھی نہیں ملتے لیکن یہاں آپ کو ہر طرح کے مکان مل جائیں گے۔

میرے پاس سمندر کے کنارے ایک بنگلے میں ایک علیحدہ کمرہ ہے لیکن میں شہر میں رہنا چاہتا ہوں۔ اگر کوئی صاحب مجھے شہر کے اندر ایک اچھا کمرہ دے سکیں تو میں انہیں سمندر کے کنارے کا اپنا کمرہ دے دوں گا اور ساتھ ہی اس کا کل ساز و سامان بھی جس میں ایک صوفہ دو ٹیبل لیمپ اور ایک پیتل کا لوٹا شامل ہے۔

لیجیے اگر آپ شہری زندگی سے اُکتا گئے ہوں تو سمندر کے کنارے جا کے رہیے۔ اگر آپ سمندر کے کنارے رہنے سے گھبراتے ہوں تو شہر میں جا کے رہیے۔ پیتل کا لوٹا تو کہیں بھی رہ سکتا ہے۔

یہ دوسرا اشتہار دیکھیے۔

کرائے کے لیے خالی ہے، نیا مکان، آٹھ کمرے، دو کچن پانچ غسل خانے، گراج بھی ہے اور مکان کے اوپر چھت ابھی نہیں ہے۔ مگر اگلے مہینے تک تیار ہو جائے گی۔ کرائے دار فوراً توجہ کریں۔

آپ یہ پڑھ کر فوراً توجہ کرتے ہیں بلکہ کپڑے بدل کر چلنے کے لیے آمادہ بھی ہو جاتے ہیں کہ اتنے میں آپ کی نظر اگلی سطر پر پڑتی ہے لکھا ہے۔

"کرایہ واجبی مگر سال بھر کا پیشگی دینا ہو گا۔ سالانہ کرایہ اٹھارہ ہزار۔"

اور آپ پھر بیٹھ جاتے ہیں اور اگلا اشتہار دیکھتے ہیں، لکھا ہے عمدہ کھانا، بہترین منظر، کھلا کمرہ، فرنیچر سے سجا ہوا بجلی پانی مفت۔ کرایہ سب ملا کے ساڑھے تین سو روپے ماہانہ۔

آپ خوشی سے چلّا اُٹھتے ہیں مل گیا، مجھے ایک کمرہ مل گیا اور کس قدر سستا اور عمدہ اور کھانا ساتھ میں۔ واہ واہ آپ فوراً خط لکھنے کی سوچتے ہیں اور پھر کلیجہ پکڑ کر بیٹھ جاتے ہیں کیونکہ آگے لکھا ہے؛

"دل کُشا ہوٹل دار جلنگ"

ظاہر ہے کہ آپ بمبئ میں نوکر ہیں۔ دلکشا ہوٹل۔ دار جلنگ میں رہ کر بمبئ کی نوکری نہیں کرسکتے۔

اگلا کالم دیکھیے یہ اگلے دو کالم "ضرورت ہے" کے اشتہاروں سے بھرے پڑے ہیں جس میں ایک خوبصورت ٹائپسٹ گرل کی ضرورت ہے۔ ایک بڈھے مدراسی اکاؤنٹنٹ کی ضرورت ہے جو کناری زبان کے علاوہ تامل، تلگو، ملیالم، شہنائی اور عربی بھی جانتا ہو، تنخواہ ستر روپے ماہوار۔ ایک کمپونڈر کی ضرورت ہے جو کم از کم ایم بی بی ایس ہو اور اگر ولایت سے ایل آر سی پی اور ایف آر سی ایس بھی ہو تو اسے پانچ روپے سالانہ ترقی بھی دی جائے گی۔

ایک چپراسی کی ضرورت ہے جسے چالیس روپے تنخواہ دی جائے گی۔ اُردو اخبار کے لیے ایک ایڈیٹر کی ضرورت ہے جسے تیس روپے ماہوار تنخواہ دی جائے گی۔ ایک صاحب کو سکریٹری کی ضرورت ہے جو ان کے لیے تقریریں لکھ سکے۔ ایک جادوگر کی ضرورت ہے جو ان کا دل بہلا سکے۔ ایک لیڈی کمپنین کی ضرورت ہے جو گھوڑے کی سواری جانتی ہو اور گلمرگ کے ہوٹلوں سے واقفیت رکھتی ہو۔

ایک فٹر کی ضرورت ہے جو بڑے سوراخ میں چھوٹی کیل گاڑ سکے۔ ایک انجینئر کی ضرورت ہے جو چھوٹی کیل کے لیے بڑا سوراخ کرسکے ایک باورچی کی ضرورت ہے جو گوشت کے بغیر شامی کباب بنا سکے۔ ایک دھوبی کی ضرورت ہے جو قمیص پھاڑ دے لیکن

بٹن سالم رکھے اور علیٰ ہٰذا القیاس یہی وہ کالم ہے جسے پڑھ کر مجھے اپنے سماج کی نیرنگیوں اُس کی پستیوں اور بلندیوں اور چیرہ دستیوں کا اندازہ ہوتا ہے جو کچھ دنیا میں آپ کے ارد گرد ہو رہا ہے۔ اس کی سچی تصویر آپ کو انھیں کالموں میں ملتی ہے۔ اخبار کے باقی صفحے تو خواہ مخواہ بے کار، جھوٹ بول کر ہمارا وقت ضائع کرتے ہیں۔

اس کا اگلا کالم موٹروں کتابوں اور کتوں کا ہے۔ اس میں آپ دیکھیں گے کہ ایک ہی ماڈل کی نئی گاڑی ہے مگر وہ دو مختلف داموں میں بک رہی ہے۔ سیٹھ حُسن لال کی گاڑی سات ہزار میں بکاؤ ہے، کیونکہ وہ اسے بیچ کر کوئی دوسرا ماڈل لینا چاہتے ہیں اور وہی گاڑی مسٹر مکڈانلڈ کے پاس ہے اور وہ اسے دو ہزار میں بیچے دے رہے ہیں کیونکہ مسٹر مکڈانلڈ ولایت جا رہے ہیں۔ ایک خوب صورت کتّا ہے جو ڈیڑھ سو میں بکتا ہے۔ شکسپیئر کے ڈراموں کا باتصویر سٹ ہے جو دس روپے میں جا رہا ہے۔

یہ میں نے بارہا دیکھا ہے کہ کتوں کے دام کتابوں سے کہیں زیادہ ہیں اور یہ بھی کہ اس کالم میں موٹروں اور کتوں کے خریدنے اور بیچنے والے تو بہت ملتے ہیں، لیکن کتابوں کے صرف بیچنے والے تو نظر آتے ہیں خریدنے والا کوئی نہیں۔ جتنے اشتہار ہیں اس سے ہمیں اپنے ملک کے عظیم کلچر کا اندازہ ہوتا ہے۔

اس صفحہ کا سب سے آخری کالم جسے میں سب سے پہلے پڑھتا ہوں، شادی کا کالم ہے۔ بر کی ضرورت ہے، ایک نوجوان حسین اٹھارہ سالہ گریجویٹ لڑکی کے لیے۔

بر کی ضرورت ہے، ایک خوش رو خوش خو اور خوش قامت تعلیم یافتہ بے حد حسین لڑکی کے لیے جو ناچنا گانا بھی جانتی ہے اور ادبی ذوق بھی رکھتی ہے۔

بر کی ضرورت ہے، ایک خوبصورت خاندانی لڑکی کے لیے جس کا باپ ایک مل کا مالک ہے، لڑکا اچھا ہونا چاہیے، ذات پات کی کوئی تمیز نہیں۔

اور میں بھی ذات پات کی پرواہ کیے بغیر ہر جگہ عرضی بھیجنے کی سوچتا ہوں کہ اتنے میں میری بیوی میرے سر پر آن کے کھڑی ہو جاتی ہے اور مجھ سے پوچھتی ہے کیا پڑھ رہے ہو؟ اور میں ایک حزیں مسکراہٹ سے اپنا من پسند صفحہ بند کر دیتا ہوں۔

(۳) غالب اور سرکاری ملازمت

سعادت حسن منٹو

حکیم محمود خان مرحوم کے دیوان خانے کے متصل یہ جو مسجد کے عقب میں ایک مکان ہے، مرزا غالب کا ہے۔ اسی کی نسبت آپ نے ایک دفعہ کہا تھا۔

مسجد کے زیر سایہ ایک گھر بنالیا ہے
یہ بندۂ کمینہ ہمسایۂ خُدا ہے

آیئے! ہم یہاں آپ کو دیوان خانے میں لے چلیں۔ کوئی حرج نہیں، رات ہے تو کیا، مرزا صاحب کے یہاں یقیناً اس وقت بھی رونق ہو گی۔۔۔۔۔۔ رونق تو خیر اتنی نہیں لیکن منشی شو نرائن موجود ہیں۔

(مرزا صاحب سے کاغذ لیتے ہوئے)

منشی شو نرائن: تو کیا سچ مچ یہ غزل آپ کی نہیں؟

غالب: (بھنّا کر) بھائی حاشا ثم حاشا اگر یہ غزل میری ہو۔ اسد اور لینے کے دینے پڑے ہیں۔ لاحول والا اس غریب کو میں کچھ کیوں کہوں لیکن اگر یہ غزل میری ہو تو مجھ پر ہزار لعنت۔ اس سے آگے ایک شخص نے یہ مطلع میرے سامنے پڑھا اور کہا قبلہ آپ نے کیا خوب کہا ہے۔

اسد اس جفا پہ بتوں سے وفا کی
میرے شیر شاباش رحمت خدا کی

میں نے اُس سے کہا۔ اگر یہ میرا مطلع ہو تو مجھ پر لعنت۔ بات یہ ہے کہ ایک شخص میر مانی اسد ہو گزرے ہیں اور یہ غزل انہی کے شاندار کلام کا نمونہ ہے۔

منشی شونرائن تم طرز تحریر پر بھی غور نہیں کرتے۔

منشی شونرائن: (کاغذ تہہ کر کے جیب میں رکھتے ہوئے) مجھے افسوس ہے (مرزا غالب کا نوکر کلّو داخل ہوتا ہے)

کلّو: حضور منشی غلام رسول صاحب آئے ہیں۔

غالب: تشریف لائیں۔

(کلّو کمرے سے باہر جاتا ہے اور منشی غلام رسول داخل ہوتے ہیں)

غلام رسول: تسلیم بجالاتا ہوں مرزا صاحب۔

غالب: تسلیم، کہیئے کیوں کر آنا ہوا منشی صاحب۔

غلام رسول: مسٹر ٹامسن صاحب سیکرٹری بہادر نے آپ کی خدمت میں سلام عرض کیا۔ ان کا خیال ہے کہ جناب کو کالج میں فارسی کا استاد مقرر کریں۔

منشی شونرائن: مبارک ہو مرزا صاحب۔

غالب: بھئی پوری بات تو سُن لو۔۔۔۔۔۔ہاں تو اور کیا کہا منشی صاحب؟

غلام رسول: اُنہوں نے کل دس بجے آپ کو بلایا ہے۔

غالب: بہتر، میری طرف سے بہت بہت سلام عرض کیجئے گا اور کہیے گا کہ زہے نصیب آپ نے مجھے منتخب فرمایا ہے۔۔۔۔۔۔میرا شکریہ قبول ہو۔

غلام رسول: تو میں سیکرٹری صاحب بہادر کی کوٹھی کے پائیں باغ میں حاضر رہوں گا اور جونہی آپ تشریف لائیے گا۔ فوراً آپ کی تشریف آوری کی خبر کر دوں گا۔

غالب: آپ کی نوازش ہے، میں وقت پر حاضر ہو جاؤں گا۔

غلام رسول: اچھاتو میں اجازت چاہتاہوں۔
(منشی غلام رسول کمرے سے باہر چلے جاتے ہیں)
منشی شونرائن: (مسکراتے ہوئے) اب تو اجازت ہے مبارک باد دینے کی۔
غالب: (مسکراکر اُٹھتے ہوئے) نہیں۔ سب سے پہلے مجھے اپنی بیگم کی مبارک باد لینے دو۔

مرزا غالب زنان خانے میں خوش خوش داخل ہوتے ہیں۔ کیا دیکھتے ہیں کہ امراؤ بیگم بیٹھی وضو کررہی ہیں۔ انہیں دیکھتے ہی انہوں نے منہ سُجالیااور کہنا شروع کیا۔

امراؤ بیگم: آج دوروز سے کہہ رہی ہوں کہ ایک وقت میرے پاس بیٹھ کر ٹھنڈے دل سے میری چند باتیں سُن لیجئے۔ پر آپ کو فرصت کہاں۔

غالب: (پاس ہی چوکی پر بیٹھ کر) بیگم صاحبہ! مجھے معلوم ہے کہ آپ مہین مہین چٹکیاں لے کر نصیحتیں یا فضیحتیں کیجئے گا۔ خیر فرمایئے۔

امراؤ بیگم: (چڑکر) دیکھئے پھر آپ نے طعن طروز کی باتیں شروع کردیں۔

غالب: (زیرِلب مسکراتے ہوئے) اچھاجو آپ کہناچاہتی ہیں کہیے۔

امراؤ بیگم: میں کہتی ہوں کہ کب تک گھر کا اثاثہ بیچ کر گزران ہوگی۔ کس طرح یہ بیل منڈے چڑھے گی۔ قرض کس صورت سے ادا ہوگا۔ اے قرض جائے جہنم میں۔ روز مرّہ کے مصارف کس طرح پورے ہوں گے۔ اب تو لتیّ بدن پر جھولنے کا زمانہ آگیا ہے۔

غالب: (پُراسرار طریقے پر مسکراتے ہوئے) آپ گھبرایئے مت۔ خُدانے سن لی ہے۔ (چوکی پر سے اُٹھ کر کھڑے ہوتے ہیں)

امراؤ بیگم: کیاسُن لی ہے خدانے؟

غالب: (فاتحانہ انداز میں) آپ کے وظیفوں کی برکت سے مسٹر ٹامسن بہادر نے مجھے بلایا ہے۔ کالج میں فارسی زبان کا اُستاد مقرر کرنا چاہا ہے اور یقینی طور پر میری ہی اک ایسی ذات ہے جو اس عہدے کے لائق ہے۔

امراؤ بیگم: اپنے مُنہ میاں مٹھو۔

غالب: جی سُن لیجئے۔ کم سے کم۔ کم سے کم۔ کچھ نہیں تو سو ڈیڑھ سو روپیہ ماہوار تو میرا مقرر ہو ہی جائے گا لیجئے اب خوش ہوئیں۔

امراؤ بیگم: (لوٹا لے کر اُٹھتے ہوئے) ہو گئی۔

غالب: تو ذرا ہنس لیجئے۔

امراؤ بیگم: چونچلے نہ بگھاریئے۔

غالب: (خوش طبعی سے) نہیں میری جان کی قسم ہنسو تاکہ ذرا مجھے تمہاری طرف سے اطمینان ہو۔

امراؤ بیگم: (کِھل کھلا کر ہنس پڑتی ہے)

غالب: (اطمینان کے ساتھ) خدا میری بیگم کو ہنستا ہی رکھے، بھئی امراؤ بیگم تم غالب کی روح ہو۔

امراؤ بیگم: اب اپنی شاعری رہنے دیجئے اور صاحبِ سکتر بہادر کے ہاں جانے کی تیاری کیجئے۔

دوسرے روز صبح کو مرزا غالب مسٹر ٹاسن سے ملاقات کرنے کے لیئے تیار ہونے لگے۔

غالب: (مضطرب حالت میں) کیوں میاں مداری یہ کلّو داروغہ کہاں گئے؟

مداری: جی ابھی تو یہیں تھے حضور۔ شاید معظم علی عطر فروش کی دکان پر بیٹھے ہوں

گے۔

غالب: ذرا ابلانا مجھے سکتر بہادر کے ہاں جانا ہے۔ مرے درباری کپڑے نکال دیں۔

مداری: (قدموں کی چاپ سن کر) لیجئے کلّو داروغہ آ گئے۔

(کلّو داخل ہوتا ہے)

کلّو: آپ نے مجھے یاد فرمایا۔

غالب: بھئی کلّو تم کہاں دن بھر غائب رہتے ہو؟

کلّو: کیا حکم ہے سرکار؟

غالب: ذرا میرے درباری کپڑے نکالو، مجھے آج دس بجے سیکرٹری صاحب بہادر کے ہاں جانا ہے۔

کلّو: (جا کر پلٹتے ہوئے) کیوں سرکار۔ وہ شالی چوغہ اور دستار ضرور نکالی جائے گی۔ جوڑا کون سا نکالا جائے گا؟

غالب: وہ ٹانڈے کی جامدانی کا انگرکھا یا وہ ریشمی دھاری اور قلمکار اور جوتا وہی سلیم شاہی جو آج آٹھ روز ہوئے میں نے خریدا ہے۔۔۔۔۔ ہاں ادراک شالی رومال بھی نکال لینا۔

درباری کپڑے پہن کر مرزا غالب تیار ہوئے اور ہوادار میں سیکرٹری صاحب بہادر کی کوٹھی پر پہنچے۔ منشی غلام رسول پائیں باغ میں پونے دس بجے سے ان کی تشریف آوری کے منتظر تھے۔ جونہی کہاروں نے ہوادار کندھوں سے اُتارا، منشی غلام رسول مسٹر ٹامسن بہادر کو خبر دینے کے لیئے کوٹھی کے اندر داخل ہوئے۔

غلام رسول: سرکار مرزا غالب سلام عرض کرتے ہیں اور فرماتے ہیں۔ حسب الحکم میں حاضر ہوں۔

ٹامسن: (گھڑی دیکھتے ہوئے) بہت پابندی وقت سے تشریف لائے۔ اچھا سلام دو اور کہو تشریف لائیں۔

منشی غلام رسول باہر آئے۔ غالب چہل قدمی کر رہے تھے۔

غلام رسول: حضور تشریف لے چلیئے۔ صاحب بہادر یاد فرماتے ہیں۔

غالب: (حیرت سے) کیا کہا؟

غلام رسول: آپ کو بلایا ہے حضور۔

غالب: بُلایا ہے؟ دستور کے موافق صاحبِ سکتّر بہادر مجھ ناچیز کو لینے آئیں تو میں چلا چلوں گا۔

غلام رسول: بہتر میں جا کر عرض کرتا ہوں۔

منشی غلام رسول ایک بار پھر اندر آگئے اور مسٹر ٹامسن سے کہا۔

غلام رسول: حضور وہ فرماتے ہیں کہ حسبِ دستور میرے لینے کو آئیں تو میں چلوں۔

ٹامسن: (مسکراکر) بڑے بگڑے دل و دماغ دار معلوم ہوتے ہیں۔ چلو میں خود ان سے بات کرتا ہوں۔

مسٹر ٹامسن کوٹھی سے باہر نکلے اور مرزا غالب سے مصافحہ کیا۔

ٹامسن: تسلیم عرض کرتا ہوں مرزا صاحب۔

غالب: کورنش بجالاتا ہوں۔

ٹامسن: آپ اندر تشریف کیوں نہیں لائے۔

غالب: دستور کے موافق آپ مجھ ناچیز کو لینے آتے، میں حاضر ہوتا۔

ٹامسن: (مسکراکر) مرزا صاحب۔ جب آپ دربار گورنری میں تشریف لائیں گے

تو آپ کا اسی طرح استقبال کیا جائے گا لیکن اس وقت آپ نوکری کے لیئے آئے ہیں۔ اس موقع پر وہ برتاؤ نہیں ہو سکتا۔

غالب: قبلہ گورنمنٹ کی ملازمت کا ارادہ کر کے حاضر ہوا ہوں اور یہ امید تھی کہ اس ملازمت سے کچھ عزت زیادہ ہو جائے، نہ اس لیئے کہ رہی سہی عزت میں فرق آئے۔

ٹامسن: میں قاعدے سے مجبور ہوں۔

غالب: (ہوادار کی طرف جاتے ہوئے) تو مجھے اس خدمت سے معاف رکھا جائے۔ تسلیم عرض ہے۔

ٹامسن: تشریف لے جایئے گا۔۔۔۔۔؟

غالب ہوادار میں بیٹھ جاتے ہیں اور کہاروں کو حکم دیتے ہیں کہ واپس گھر چلو، واپس آئے تو کیا دیکھتے ہیں۔ گھر کے باہر اپاہجوں اور بھکاریوں کا ہجوم جمع ہے اور بی رحیمن ان میں خیرات بانٹ رہی ہے۔ مرزا صاحب کو سخت حیرت ہوئی۔ جلدی جلدی اندر داخل ہوئے۔ صحن میں پہنچے تو دیکھا کہ تخت پر امراؤ بیگم دوگانہ ادا کرنے میں مشغول ہیں۔ انہوں نے سلام پھیرتے ہی مرزا صاحب کو مخاطب کیا۔

امراؤ بیگم: الحمدللہ! کہیئے خدا کا فضل ہو گیا۔

غالب: (غالب تخت پر بیٹھتے ہوئے) جی ہاں، ہو گیا۔

امراؤ بیگم: کیا مطلب؟

غالب: مطلب یہ کہ رہی سہی عزت مٹی میں ملنے سے بچ گئی۔

امراؤ بیگم: ہائیں! یہ کیا کہہ رہے ہیں آپ۔

غالب: (اٹھ کر تمکنت کے ساتھ) بیگم! عزت و ناموس کے لیئے ہم مغل بچے

مر مٹنے والے ہیں۔ میں وہاں اس خیال سے گیا تھا کہ ملازمت سرکاری سے کچھ اس عزت میں اضافہ ہو جائے گا مگر وہاں صاحب سکتر بہادر میرے استقبال کو باہر نہ آئے۔ بھلا سوچو۔ مجھے یہ بے عزتی کیسے گوارا ہو سکتی ہے۔

بندگی میں بھی وہ آزادۂ خود بیں ہیں کہ ہم
اُلٹے پھر آئے درِ کعبہ اگر وا نہ ہوا

لیکن میں پوچھتا ہوں۔ یہ باہر خیرات کیسی بٹ رہی ہے۔

امراؤ بیگم: (فکر مند ہو کر) کچھ نہیں۔

غالب: کچھ نہیں کیا۔ تم ابھی کل ہی کہہ رہی تھیں۔ کب تک گھر کا اثاثہ بیچ کر گزران ہو گی۔

امراؤ بیگم: (مسکرا دیتی ہیں)

غالب: ارے بھئی کچھ تو بتاؤ؟

امراؤ بیگم: کیا بتاؤں۔۔۔۔۔۔؟ کل میں نے اپنا جڑاؤ گلوبند بی رحیمن سے گراؤ رکھوا کر کچھ روپے منگوائے تھے۔ شہر میں آپ کی ملازمت کا چرچا سن کر در پر یہ بھکاری جمع ہو گئے تو میں نے بی رحیمن سے کہا۔ ”جاؤ ان کا سر صدقہ دے آؤ۔“

غالب کھکھلا کر ہنس پڑتے ہیں۔ امراؤ بیگم گہری سوچ میں پڑ جاتی ہیں۔

(۴) ایک بار الکشن میں

رشید احمد صدیقی

ایک دن یہی الکشن کی فصل تھی۔ ووٹ لینے کے لیے لوگ موٹر، ڈنڈے اور لڈّو لیے ہوئے میری تلاش میں نکلے تھے۔ صرف تین اُمیدّوار تھے اور میں نے تینوں سے ووٹ دینے کا وعدہ کرلیا تھا۔ ایک سے تو اس بنا پر کہ مجھ پر اس کے روپئے واجب تھے دوسرے سے یوں کہ میں اس کا کاشت کار تھا اور تیسرے سے اس لیے کہ یہ شخص بات کرتے کرتے یا تو کبھی خود رو پڑتا تھا یا مجھے مار ڈالنے پر آمادہ ہو جاتا تھا۔

ظاہر ہے ایسی حالت میں میرے لیے اس کے سوا چارانہ تھا کہ کہیں بھاگ جاؤں لیکن آپ نے سنا ہو گا کہ گیدڑ کی موت آتی ہے تو شہر کی طرف بھاگتا ہے۔ میں اتفاق سے ایک ایسے مقام پر جانکلا جہاں ہر طرف عجیب و غریب قسم کے لوگوں کا ہجوم تھا۔ کہیں گراموفون بج رہا تھا، کہیں کھانے پکانے اور کِھلانے کا انتظام تھا۔ ایک طرف سپیرا سانپ کے اور دوسری طرف مداری بندر، بھالو اور بکری کے کرتب دکھا رہا تھا۔ ایک طرف سبیل لگی ہوئی تھی، دوسری طرف ناچ رنگ کا سامان تھا۔ ایک جگہ کچھ لوگ لکچر دے رہے تھے۔ لکچر اور حاضرین کو دیکھ کر مجھے خیال آیا کہ شاید کوئی منچلا کسی سنیاسی یا فقیر کی بنائی ہوئی جڑی بوٹیوں کے خواص بتا رہا تھا۔ ابھی میں اسی حیص بیص میں تھا کہ یہ ماجرا کیا ہے کہ ایک صاحب نے نہایت دوستانہ انداز میں پیچھے سے آکر میری گردن پکڑی اور آگے پیچھے کھینچ ڈھکیل کر جیسے رائفل میں کارتوس بھرے جاتے ہیں، بولے: کیوں آپ کا

نام بندو خاں ہے ؟ چلیے ووٹ دیجیے اور یہ بیڑی پیجیے ۔ بڑاانتظار دکھایا۔ میں نے دوستی کا اعتراف ابھی اس حد تک کیا تھا کہ بیڑی لینے پر آمادہ ہوا تھا کہ ایک دوسرے صاحب نے مجھے اپنی طرف گھسیٹا اور بولے : خبر دار، بُدّھو خلیفہ میرے ووٹر ہیں ۔ لڑکپن میں ہم دونوں کپاس چرایااور مار کھایا کرتے تھے۔کیوں خلیفہ بولے تو نہیں ؟ابھی میں نے پورے طور پر حافظے کا امتحان نہیں لیا تھا نہ دیا تھا ایک تیسرے بزرگ آگے بڑھے اور میرا گریبان کھینچ کر بولے : واہ میر بنّے !تم نے کنویں جھنکوادیے ۔ ایسا بھی کیا غائب ہونا۔ چلو کچھ کھاپی لو اس کے بعد مجرا سنیں گے ۔ لیکن اس سارے قصّے کا انجام یہ ہوا کہ مجھے اس کمرے میں لے گئے جہاں ووٹروں کی جانچ پڑتال ہوتی ہے ۔ اصلی شخص جس کا ووٹ پڑنے والا تھا، بندہ حسن تھا۔ کلرک نے پوچھا:" بندہ حسن کون ہے ؟" میرے ایک دوست نے مجھے آگے بڑھا کر کہا:" صاحب !ان کا اصلی نام بندہ حسن ہے لیکن یہ نام ماں باپ نے رکّھا تھاورنہ عام طور پر ان کو بندو خاں کہتے ہیں۔" دوسرے نے کہا" ارے بھائی ! اللہ سے ڈرو۔ بُدّھو خلیفہ ہمیشہ بُدّھو خلیفہ ہیں ، اسی نام سے ووٹ دیں گے ۔" تیسرے نے لپک کر للکارا" ارے لوگو !خدا سے ڈرو یانہ ڈرو، حوالات سے توڈرو۔ میر بنّے کو بُدّھو خلیفہ کہتے شرم نہیں آتی ۔ کلرک نے گھبرا کر مجھ سے پوچھا:" آخر تم کیسے چپ ہو۔ تم ہی بتاؤ تمہارا کیا نام ہے ؟" میں نے کہا" حضور !اپنا اصلی نام مجھے بھی ٹھیک نہیں معلوم لیکن کُشتی لڑتا تھاتو اکھاڑے میں بندو خاں کے نام سے مشہور ہوا، غازی میاں کا علم اُٹھانے لگاتو بُدّھو خلیفہ کہلایا۔ اب نفیری اور فیرینی بیچتاہوں تو لوگ میر بنّے کہنے لگے۔" کلرک بھی زندہ دِل تھا بولا:" تم نے آنے میں جلدی کی ورنہ یہی لوگ تم کو اس ممبر کی حیثیت سے پیش کر دیتے جس کے تم ووٹر سمجھے جاتے ہو، لیکن اب یہاں سے فوراً بھاگ جاؤ ورنہ تمھاری خیر نہیں۔" میں بھاگا اور سارا مجمع میرے پیچھے ہو لیا۔ ایک ہُلّڑ مچ گیا اور

مشہور یہ ہوا کہ میں بچوں کو چرا کر لے جایا کرتا ہوں۔ قریب تھا کہ مجموعے کے ہاتھوں صبر و شکر قسم کی کوئی چیز بن جاتا کہ میں ایک گلی میں ہولیا اور شور مچایا کہ پولنگ اسٹیشن پر بلوا ہو گیا۔ نتیجہ یہ ہوا کہ مجمع پولنگ اسٹیشن کی طرف روانہ ہو گیا اور میں بھاگا۔ گرتا پڑتا سامنے ایک عالی شان عمارت تھی، اس میں داخل ہوا اور بے ہوش ہو گیا۔ یہ جانوروں کا عجائب خانہ تھا۔ دوسرے دن آنکھ کھُلی تو اپنے آپ کو ہسپتال میں پایا۔

(۵) بیکاری

شوکت تھانوی

بیکاری یعنی بے روزگاری اس اعتبار سے تو نہایت لاجواب چیز ہے کہ ہر چھوٹی سے چھوٹی حیثیت کا انسان اپنے گھر میں تمام دنیا سے بے نیاز ہو کر اس طرح رہتا ہے کہ ایک شہنشاہ ہفت اقلیم کو اپنے محل میں وہ فارغ البالی نصیب نہیں ہو سکتی۔ سچ تو یہ ہے کہ وہ دولت جس کو تمام دنیا کے سرمایہ دار اپنی جان اور اپنا ایمان سمجھتے ہیں، ایک ایسا مستقل عذاب ہے جو انسان کو کبھی مطمئن نہیں ہونے دیتا۔ سرمایہ داروں کی تمام زندگی بس دو ہی فکروں میں کٹتی ہے ایک یہ کہ اگر ہمارا روپیہ چور لے گئے تو کیا ہو گا؟

یہ دونوں فکریں اپنی اپنی جگہ ایسی مہلک ہوتی ہیں کہ ان کو بھی دق کی منجملہ اقسام کے سمجھنا چاہیے بلکہ دق کی دوسری قسمیں تو معمولی ہیں مثلاً پھیپھڑے کی دق، آنتوں کی دق، ہڈی کی دق وغیرہ، مگر یہ فکریں تو دل اور دماغ کی دق سے کم نہیں جن کا مارا ہوا نہ مرتا ہے نہ جیتا ہے۔ بس توند بڑھتی جاتی ہے اور دل چھوٹا ہوتا رہتا ہے۔ مختصر یہ کہ ان سرمایہ داروں کی زندگی حقیقتاً کشمکش جبر و اختیار میں بسر ہوتی ہے کہ نہ زندہ رہتے بن پڑتی ہے نہ مرنے کو دل چاہتا ہے، اب رہے غریب ان کی زندگی بھی کوئی زندگی ہے کہ بلا ضرورت پیدا ہو گئے اور جب بھی چاہا مر گئے، نہ جینے کی خوشی تھی نہ مرنے کا کوئی غم

اپنی خوشی نہ آئے نہ اپنی خوشی چلے

مطلب کہنے کا یہ ہے کہ چاہے ہم کو بے روزگاروں کی جماعت گالیاں دے یا سرمایہ

داروں کا طبقہ انعام، لیکن ہم یہ کہے بغیر نہیں رہ سکتے کہ موجودہ دنیا کے لئے بیکاری ایک رحمت ہے، حالانکہ اس رحمت سے ہندوستان کے علاوہ تمام دنیا کے ممالک چیخ اٹھے ہیں اور ہر طرف سے "ہائے پیٹ ہائے پیٹ" کی صدائیں بلند ہو رہی ہیں لیکن ہم سچ کہتے ہیں کہ "ہائے پیٹ" کی صدائیں "پیٹ پھٹا" کی صداوں کے مقابلے میں میں پھر بھی قابلِ برداشت ہیں، لوگ کہیں گے کہ عجیب الٹی سمجھ کا آدمی ہے کہ تر لقمے پر فاقے کو ترجیح دیتا ہے لیکن جناب ہم اس حقیقت سے آشنا ہو چکے ہیں کہ فاقہ اسی وقت تک فاقہ ہے جب تک تر لقمے کی امید انسان کے پیٹ کو جہنم اور معدے کو ربڑ کا بنائے ہوئے ہے لیکن اگر انسان تر لقمے سے خالی الذہن ہو جائے تو یہی فاقہ اس کے لئے سب کچھ ہو سکتا ہے۔ مرزا غالب مرحوم نے بھی اپنے ایک شعر میں اسی قسم کی ایک بات کہی ہے جس کا ترجمہ ہمارے الفاظ میں یہ ہوا کہ

فاقہ کا خوگر ہوا انساں تو مٹ جاتی ہے بھوک
اس قدر فاقے پڑے ہم پر کہ لقمہ بن گئے

ہم جو بات کہنا چاہ رہے ہیں وہ معمولی سمجھ کے انسانوں کے لئے بیکار ہے لہذا اس کا کہنا بھی فضول سی بات ہے ورنہ اس وقت ہم اس قسم کی بلند باتیں کرنا چاہتے ہیں، ہم تو اس وقت بیکاری کے متعلق کچھ کہنا چاہتے ہیں جس کے خلاف ساری دنیا میں احتجاج کا ایک شور مچا ہوا ہے۔ بیکاری اچھی چیز ہے یا بری اس کے متعلق ہم اپنے ذاتی خیال کو تفصیل کے ساتھ پیش کریں تو ہم کو اندیشہ ہے کہ یا تو ہماری جان خطرے میں پڑ جائے گی ورنہ یہ تمام دنیا کی تجارت، کاروبار اور ملازمتیں وغیرہ سب مفلوج ہو کر رہ جائیں گی۔ لہذا دونوں صورتیں ایسی ہیں کہ ذرا ڈر معلوم ہوتا ہے معلوم نہیں کہ اونٹ کس کروٹ بیٹھے، اس لئے بہترین صورت یہی ہے کہ عام نقطہ نظر سے ہم بھی بیکاری کو برا فرض کرنے کے بعد

اپنے خامہ سے "چل بسم اللہ" کہیں۔

بات اصل میں یہ ہے کہ نئی اور پرانی دنیا کو ملا کر جو کرہ ارض بنتا ہے اس میں تین چوتھائی تو بحر الکاہل، بحر الغافل، بحر الجاہل وغیرہ کی قسم کے بڑے بڑے سمندر ہیں یعنی پانی ہی پانی۔ اب رہ گئی ایک چوتھائی دنیا جو خدا نظر بد سے بچائے خشکی ہے اس چوتھائی دنیا میں لق و دق صحرا، سر بفلک پہاڑ، ریگستان جن کو انسان سے کوئی تعلق نہیں بس شترستان کہنا چاہیے اور جھیلیں دریا نالے وغیرہ ہیں۔ باقی جو بچی تھوڑی بہت خشکی اس میں کھیت اور باغ وغیرہ سے بچی ہوئی خشکی کو گاوں، تحصیل، پرگنہ، شہر، ضلع، صوبہ، ملک اور برا عظم وغیرہ میں تقسیم کر دیا گیا ہے اور یہ ہے وہ مختصر سی گنجائش جس میں اشرف المخلوقات مع چرندوں پرندوں اور درندوں کے رہتے ہیں۔ اس محدود گنجائش میں آبادی کا یہ حال ہے کہ خدا کی پناہ روز روز بڑھتی جاتی ہے۔ دنیا کی وسعتیں محدود ہیں اور نسل انسانی کی ترقی غیر محدود، اب جو لوگ بیکاری کا رونا روتے ہیں تو آپ ہی بتائیے کہ دنیا کا قصور ہے یا دنیا میں بسنے والوں کا، ہاں اگر نظامِ فطرت ہوتا کہ ہر انسان کے ساتھ ایک آدھ بیگھ زمین بھی پیدا ہوا کرتی تو واقعی بیکاری کے متعلق ہماری تمام شکائیتیں حق بجانب تھیں مگر اب تو ہر نیا پیدا ہونے والا اس چھوٹی سے دنیا میں گنجائش حاصل کرنا چاہتا ہے جو باوا آدم سے لیکر اب تک یعنی از آدم یا ایں دم ایک انچ بھی نہیں بڑھی، آپ کہیں گے واہ بڑھی کیوں نہیں ، یہ جو کولمبس نے امریکہ کا پتہ لگا کر اس دنیا میں ایک اور اضافہ کیا وہ کدھر گیا تو اس کا جواب یہ ہے کہ وہ پہلے ہی موجود تھا جب تک انسان کی جستجو میں کامیاب ہونے کی صلاحیت پیدا نہ ہوئی وہ پوشیدہ رہا اور جب اس کو ڈھونڈا گیا تو وہ مل گیا۔ لیکن اب یہ امید رکھنا کہ کوءی اور امریکہ مل جائے گا غلط ہے اس لئے کہ اب انسان کو بیکاری کے غم نے یا تو اس قدر پست ہمت کر دیا ہے کہ وہ اپنے گردو پیش پر نظر ڈالنے میں بھی کاہلی سے

کام لیتا ہے یا سرمایہ داری نے ایسا دماغ خراب کر دیا ہے کہ مریخ پر حکومت کرنے کی فکر ہے۔ ممکن ہے کہ کبھی یہ ہوا میں قلعہ بنانے کی جدوجہد میں کامیاب ہو جائے لیکن ابھی تو ہم دنیا سے جا کر مریخ میں آباد ہونے کے لئے تیار نہیں۔

لاحول ولا قوۃ کہاں سے کہاں پہنچے۔ ہاں تو ہم یہ کہہ رہے تھے کہ انسان کی کثرت نے دنیا میں بیکاری کی وبا پھیلا دی ہے، بات یہ ہے کہ بڈھے تو مرنے کا نام نہیں لیتے اور بچہ پیدا ہونا بند نہیں ہوتے۔ نتیجہ یہ ہوتا ہے کہ آبادی بڑھتی جاتی ہے۔ اب یہ دیکھئے کہ جہاں پانچ بچے تعلیم حاصل کرتے تھے وہاں اب پانچ ہزار تعلیم حاصل کرتے ہیں۔ پہلے تو یہ تھا کہ یہ پانچ بچے پڑھنے کے بعد مختلف جگہوں پر ملازم ہو جاتے تھے، ملازمت کرتے تھے، پنشن لیتے تھے اور مر جاتے تھے۔ لیکن ان کے امیدوار بجائے پانچ کے پانچ ہزار ہیں، اس کا لازمی نتیجہ یہ ہے کہ پانچ تو بدستور برسرِ کار ہو جائیں گے، اب رہے چار ہزار نو سو پچانوے وہ یقینی طور پر بیکار رہیں گے۔ غلطی دراصل حساب کی ہے کہ اب آمد و خرچ برابر نہیں رہا۔ پہلے یہ ہوتا تھا کہ ادھر پانچ بچے پیدا ہوئے تو ادھر پانچ بڈھے مر گئے، ادھر پانچ ملازم ہوئے تو ادھر پانچ ملازموں نے پنشن لے لی، لیکن اب بڈھوں نے مرنا ترک کر دیا ہے اور بچے برابر پیدا ہوتے چلے جا رہے ہیں۔ اس صورت میں کوئی بڑے سے بڑا ریاضی دان ہم کو بتائے کہ حساب فہمی کا آخر کیا طریقہ اختیار کیا جائے۔

اب یہ دیکھئے کہ پانچ ہزار میں سے پانچ کے برسرِ روزگار ہو جانے کے بعد جو باقی بچے تھے چار ہزار نو سو پچانوے، وہ گویا سب کے سب بیکار ہوئے ان بیچاروں کا یہ حال ہے کہ خدا دشمن کا بھی نہ کرے، ہائے وہ طالب علمی کی امیدیں کہ بس پاس ہوئے اور ڈپٹی کلکٹری اپنے گھر کی لونڈی ہے فارغ التحصیل ہوئے اور آنریبل بنے اگر گورنر نہیں تو ان کے کونسلر تو ضرور ہی ہو جائیں گے لیکن جب پڑھنے کے بعد درخواستیں بھیجنا شروع کیں

تو ہر جگہ سے نامنظور ہو کر بواپسی ڈاک گھر آ گئیں، اب بتایئے کہ اس وقت وہ بیچارے کیا کریں، تو گھبرا کر قانون کا مطالعہ شروع کر دیتا ہے کوئی تجارت کی طرف رجوع ہوتا ہے، کوئی ڈپٹی کلکٹری سے ناامید ہو کر ریلوے میں ٹکٹ کلکٹری کر لیتا ہے، کوئی بجائے آنریبل ہونے کے کلریکل لائن میں نکل جاتا ہے اور زیادہ تعداد ان لوگوں کی ہوتی ہے جو بس ارادہ کرتے ہیں اور بدلتے ہیں، تجاویز پر غور کرتے اور رہ جاتے ہیں اسکیمیں بناتے ہیں اور رد کرتے ہیں یعنی گھر بیٹھے ہوئے بچوں کو کھلاتے ہیں اور مزے کرتے ہیں ان لوگوں کو عام طور پر بیکار بے روزگار کہا جاتا ہے اور آج کل دنیا ان ہی لوگوں سے بھری ہوئی ہے۔

نصیحت کرنے والے جو اتفاق سے بے روزگاری کے آلام و مصائب سے قطعاناآشنا ہوتے ہیں ہمیشہ یہی کہا کرتے ہیں کہ آج کل کے نوجوانوں میں آرام طلبی ایسی آگئی ہے کہ ہاتھ پاوں ہلانے کو دل ہی نہیں چاہتا۔ بس وہ تو یہ چاہتے ہیں کہ گھر پر پڑے ہوئے چارپائی کے بان توڑا کریں اور روپے کی بارش ہوا کرے ان ناصح بزرگوں سے کون کہے کہ جناب والا یہ سب کچھ صرف اس لئے ہے کہ آپ کا سایہ ہم کمبختوں کے سر پر ہنوز قائم ہے حالاں کہ آج کل عمر طبیعی پچاس پچپن سال ہے یعنی پچپن سال کی پنشن پاتے ہی انسان کو مر جانا چاہیے۔ یعنی یہ زبردستی تو ملاحظہ فرمایئے کہ دہری دہری عمر طبیعی پانے والے بزرگ مرنا تو بھول جاتے ہیں بس یہ یاد رہ جاتا ہے کہ اپنی نازل کی ہوئی مصیبتوں پر بیکار نوجوانوں کو دن رات لعنت ملامت کیا کریں، حالانکہ قصور سب ان ہی کا ہے، یہی نوجوان جب بچے تھے تو ان ہی قبرستان کا راستہ بھول جانے والے بزرگوں نے ان بیچاروں کو پڑھانا شروع کیا تھا اور تمام زندگی زبردستی پڑھاتے رہے یہاں تک کہ پڑھانے والے تو قبر میں پاوں لٹکا کر بیٹھ گئے اور پڑھنے والے ایک آدھ درجن بچوں کے باپ بن گئے اب

ان سے کہا جاتا ہے کہ اپنے بچوں اور باپ دادا سب کا پیٹ پالو تو بیچارے کہاں سے پالیں، آرام طلب بنا دینے والے آرام طلبی کا طعنہ دیتے ہوئے کس قدر اچھے معلوم ہوتے ہیں بیکار کر دینے والے بیکاری پر لعنت ملامت کرتے ہوئے کیسے بھلے لگتے ہیں، ان ناصحوں سے کوئی پوچھے کہ اگر آپ کو اپنی اولاد کے باکار ہونے کی فکر تھی تو آپ نے اس کو درزی کیوں نہ بنایا، بڑھئی کیوں نہ بنایا، لوہار کیوں نہ ہونے دیا، جوتہ بنانا کیوں نہ سکھایا اور تعلیم شروع کرانے سے قبل گلا گھونٹ کر کیوں نہ مار ڈالا، پہلے تو تمام زندگی بے کار ضائع کی، اسکول اور کالج کی لاٹ صاحبانہ زندگی بسر کرائی، سوٹ، بوٹ کا عادی بنایا اور اس مغالطے میں مبتلا رکھا کہ آنے والا دور موجودہ دور سے زیادہ زرین اور خوشگوار ہے تو اب یہ شکوہ سنجیاں کیا معنی رکھتی ہیں اور تمام دنیا کا تو خیر جو کچھ بھی حال ہو لیکن ہندوستان جنت نشان کا یہ حال ہے کہ یہاں بیکاری کے سب اس طرح عادی ہو گئے ہیں کہ گویا ہندوستانی انسان کا مقصدِ حیات یہی بیکاری ہے جس میں سب مبتلا ہیں، ہندوستان ایسے جاہل ملک کے پڑھے لکھے بھی دو کوڑی کے اور جاہل بھی دو کوڑی کے بلکہ جو بیچارے پیدائشی یعنی خاندانی جاہل ہیں ان کی حالت پڑھے لکھوں سے بدرجہا بہتر ہے، اس لئے کہ وہ محنت مزدوری کر کے اپنا اور اپنے متعلقین کا پیٹ پال لیتے ہیں اور پڑھے لکھوں کا پیٹ ان کے متعلقین بھرتے ہیں۔ اس وقت بیکاری کا عالم یہ ہے کہ ہندوستان کے کسی شہر میں دیکھ لیجیے، بہت سے محلے کے محلے ایسے نکلیں گے جہاں آپ کی دعا سے سب خود مختار یعنی آزاد ہوں گے، کوئی کسی کا نوکر چاکر نہیں، اب سوال یہ پیدا ہوتا ہے کہ وہ پھر کھاتے کہاں سے ہیں اس کا جواب یہ ہے کہ آپ بھی دنیا کے تمام کام چھوڑ کر ہاتھ پر ہاتھ رکھ کر بیٹھے رہیں اور دیکھئے کہ خدا کھانے کو دیتا ہے یا نہیں؟ پہلے آپ جائداد پر ہاتھ صاف کریں گے پھر بیوی کے زیور کی باری آئے گی پھر کپڑوں اور برتنوں پر نوبت پہنچے گی، مختصر یہ کہ خدا باپ دادا کی کمائی

ہوئی دولت اور جمع کی ہوئی گھرستی کو رکھے، بیوی کے لائے ہوئے زیور کو رکھے اور ان سب کو کوڑیوں کے مول خریدنے والے مہاجنوں کو رکھے، بہر حال آپ انشاء اللہ اچھے سے اچھا کھائیں گے اور جس قدر اچھی زندگی آپ کی گزرے کی وہ تو ان نوکر چاکر قسم کے برسرِکار لوگوں نے خواب میں بھی نہیں دیکھی۔

مطلب کہنے کا یہ ہے کہ جس بیکاری سے ایک دنیا چیخ اٹھتی ہے اس سے ہندوستان کیوں گھبراتا ہے، ہندوستان تو بقول ہمارے خداوندانِ نعمت کے ایک جاہل، وحشی، غیر مہذب اور کالے آدمیوں کا ملک ہے، یہاں اگر بیکاری ہے تو کیا تعجب، جب یورپ ایسے متمدن، تعلیم یافتہ، مہذب اور گورے آدمیوں کے ملک میں یہ حال ہے کہ بے چارے صاحب لوگ ہر طرح ناکام ثابت ہو کر وہاں کے ہر شعبہ ملازمت سے علیحدہ کر دیئے گئے ہیں اور ان کی جگہ میم صاحبات براج رہی ہیں اگر خدانخواستہ ہندوستان میں بھی یہی صورت ہو جاتی کہ "اندورون خانہ" ایک دم سے "بیرون خانہ" اور "بیرون خانہ" ایک دم سے "اندرون خانہ" ہو کر رہ جاتے تو شاید یہاں کے لوگ ہندوستان کو حوا کی بیٹیوں کے لئے چھوڑ کر یا تو کسی اور دنیا میں چلے جاتے جہاں ابنِ آدم کی حکومت ہو یا خودکشی کر لیتے، اس لئے کہ یہ انقلاب ہندوستان کے مردوں کے لئے ناقابل برداشت ہے کہ ان کی بیویاں تو کچہری عدالت کریں اور وہ خود گھرداری کریں، بچوں کو کھلائیں، یعنی مرد پیدا ہو کر عورت کے فرائض انجام دیں تو جناب مطلب کہنے کا یہ ہے کہ یورپ کی بیکاری پھر بھی قابلِ برداشت ہے کہ وہاں کے مرد تو بیکار عورتیں باکار ہو گئی ہیں ایک در بند ہوا تو دوسرا کھل بھی گیا اور ہمارے ہندوستان شریف کے دونوں در اس طرح بند ہوئے ہیں کہ گویا کنجی ہی کھو گئی، لہٰذا اب کبھی کھلنے کی امید نہیں ایسی صورت میں اگر ہندوستان کے لوگ یہ سمجھتے ہیں کہ بیکاری ہمارا مقصدِ حیات ہے تو بتایئے کیا غلط سمجھتے ہیں؟ کیا آپ کا مطلب ہے

کہ بیکار جد و جہد کر کے اپنی جان دے دیں یا بے معنی کوششوں کے پیچھے مر جائیں آخر کیا کریں؟ اس بیکاری کا جو علاج ہے وہ ہندوستانیوں سے عمر بھر نہیں ہو سکتا اور اگر ہو سکتا ہے تو کر دیکھیں، ہم جبھی جانیں کہ یورپ کے مردوں کی سی غیرت اور حمیت پیدا کر کے دکھائیں اور اپنے آپ کو عورتوں کے رحم و کرم پر چھوڑ دیں۔ جب یہ معلوم ہے کہ موجودہ دور "دور النساء" ہے تو پھر بیکاری دور کرنے کی جد و جہد کرنا فطرت سے جنگ کرنا ہے یا نہیں؟

کسی بیکاری اور کیسی کچھ، ہم تو یہ جانتے ہیں کہ جس قدر بیکاری سے انسان کثیر المشاغل ہو جاتا باکاری میں قطعاً نہیں ہو سکتا۔ بیکاری خود ایک ایسا مشغلہ ہے کہ انسان کو اس سے کبھی فرصت نہیں ملتی۔ یقین نہ آتا ہو تو کسی بیکار انسان کا ایک ہفتہ کا پروگرام دیکھ لیجیے اور پھر اندازہ کیجیے کہ کیا اتنا کام آپ زندگی بھر بھی کر سکتے ہیں یقنیا آپ کو آپ کی دگنی عمر بھی ملتی تو شاید آپ اس ہفتہ کا مقابلہ نہیں کر سکتے تھے۔ مثلاً ایک شخص بیکار ہے اور اس کو کسی مشغلے کی فکر ہے وہ سب سے پہلے ڈپٹی کلکٹر سے لے کر وکسینٹری تک کے لئے کوشش کرتا ہے کہ کسی طرح ملازمت مل جائے اور ---

---اسی کے ساتھ ساتھ ارادہ ہے کہ آٹا پیسنے کی چکی لگا کر قسمت آزمائی کرے گا اور اس سلسلہ کا تمام حساب کتاب مرتب ہو چکا ہے لیکن ایک خیال یہ بھی ہے کہ اگر حیدر آباد میں کوئی ملازمت مل گئی تو اس کو ترجیح دی جائے گی، ایک طرح یہ بھی دل چاہتا ہے کہ اگر سستی مل جائے تو ایک لاری خرید لی جائے، بڑے نفع کی چیز ہے لوگوں نے ایک لاری خرید کر اتنا نفع کمایا ہے کہ تھوڑے ہی دنوں میں ان کے پاس دس دس لاریاں ہو گئی ہیں اور لکھ پتی بن گئے ہیں لیکن اگر ریلوے اسٹیشن پر کتابوں کے فروخت کرنے کی اجازت مل جائے تو کیا کہنا ہے دگنا اور چوگنا فائدہ ہے اور یہ ہڈی کا کاروبار بھی بڑے نفع کی

چیز ہے بس انسان مستقل مزاج اور محنتی ہو، پھر روپے کی کوئی کمی نہیں اور ان سب سے اچھا تو یہ ہے کہ ایک ماہوار ادبی رسالہ نکال لیا جائے اور اگر خدا توفیق دے تو روزانہ اخبار سے تو بہتر کوئی بات ہی نہیں، مختصر یہ کہ ان کے جتنے ارادہ ہوتے ہیں سب اپنی اپنی جگہ مستقل اور اس کا ذہن ہر جگہ کام کرتا ہے۔ یہ خیالی اسکیمیں جب عمل میں آجاتی ہیں اس وقت کچھ نہ پوچھئے کہ کیا حال ہوتا ہے وہی بیکار انسان بہ یک وقت ڈپٹی کلکٹر سے لے کر تمام ان عہدوں پر جن کے نام اس کو یاد ہیں ملازم ہو گا کہ عنقریب کوئی "یار جنگ" ہونے کی بھی امید ہو گی۔ لاری بلکہ لاریوں کا مالک ہو گا، ریلوے اسٹیشن کی ٹھیکیداری کا شرف بھی حاصل ہو گا۔ ایک ادبی رسالہ کا مدیر اور ایک روزنامہ کا چیف ایڈیٹر بھی ہو گا۔ مختصر یہ کہ جہاں جہاں اس کے دماغ کی رسائی ہوئی ہو گی بس وہ اپنے نزدیک وہاں تھوڑی دیر کے لئے عالمِ تخیل میں سہی بہر حال کامیاب ضرور ہو گیا ہو گا اور اس فریب خیال نے اس بیچارے کی حالت اس کتے کی سی بنا دی ہو گی جو شیش محل میں ہر طرف اپنی ہی صورت دیکھ کر باولا ہو جانے کے قریب ہو، یہ کیفیت اس قدر عام ہے کہ کم یا زیادہ دنیا کے ہر بیروزگار مگر تعلیم یافتہ بیروزگار میں فرق موجود ہے اب فرق یہ ہے کہ جو سمجھ دار ہیں یعنی جن پر بیکاری کا ہلکا سا حملہ ہوا ہے، یا جنہوں نے اس حملے کا کامیاب مقابلہ کیا ہے وہ تو خیر اس قسم کی تمام تجاویز اپنے ذہن میں رکھیں گے اور ان کے یہاں تمام صلاح مشورے بس دل اور دماغ کے درمیان ہو گا یعنی ان کی اسکیمیں اول تو کسی کو معلوم نہیں ہوں گی اور معلوم بھی ہوں گی تو مخصوص لوگوں کو لیکن وہ لوگ جو فطرۃ کمزور واقع ہوئے ہیں یا جن کو بیکاری نے ہر اعتبار سے ضعیف بنا دیا ہے اس معاملے میں اسی طرح کے انسان ثابت ہوں گے جن کا ہم ذکر کر چکے ہیں یعنی ان کے پاس جائیے تو السلام علیکم و علیکم السلام کے بعد جو اس مخصوص مبحث پر گفتگو شروع ہو گی تو اس وقت تک سلسلہ جاری

رہے گا، جب تک آپ خود "اجازت ہے ؟" نہ کہیں اور پھر اس گفتگو میں جس بیساختگی کے ساتھ متکلم محو اور بیخود ہو جاتا ہے اس کا تعلق بس دیکھنے سے ہے، اس وقت اگر آپ نے اس بیچارے کی گفتگو توجہ کے ساتھ سن لی تو آپ کا یہ احسان وہ عمر بھر نہیں بھول سکتا ، بلکہ آپ کو محسوس ہو گا کہ واقعی یہ بیچارہ صرف میری وجہ سے اب تک زندہ ہے ورنہ نہیں معلوم کب کا اس خود غرض دنیا کو چھوڑ چکا ہوتا، آپ کی صورت دیکھتے ہی وہ فورا آپ کی طرف بڑھے گا کہ "السلام علیکم۔ بھائی عید کا چاند ہو گئے، کہو طبیعت کیسی ہے اور بھاوج کا کیا حال ہے" اور اگر اس کے جواب میں کہیں آپ نے اس کا حال بھی پوچھ لیا کہ "خدا کا شکر ہے بھائی اچھا ہوں، گھر میں بھی خیریت ہے تم اپنی کہو کہ اس درخواست کا کیا ہوا؟" بس اسی قدر کافی ہے گویا آپ نے اجازت دے دی کہ ہاں سناو، داستانِ امیر حمزہ۔ بس اس نے کہنا شروع کیا---

---"تم کو نہیں معلوم ہوا، لاحول ولا قوۃ، اماں! اس نے تو بہت طول کھینچا، ہوا یہ کہ ڈپٹی کمشنر صاحب کے پاس بھیج دیا اور کمشنر صاحب نے لکھ دیا کہ جو چاہو کرو، ہم نہیں جانتے اب ڈپٹی صاحب کی پھونک نکل گئی کہ کہیں کمشنر صاحب نے غصہ میں تو نہیں لکھا، میں جب گیا تو کہنے لگے ڈپٹی صاحب کہ کمشنر صاحب نے نامنظور کر دی، میں نے اپنے دل میں کہا، یہ کیونکر ہو سکتا تھا جب یہ کمشنر صاحب بریلی میں سٹی مجسٹریٹ تھے تو میں ان کو بڑے دن کا کارڈ بھیجتا تھا، وہ مجھ کو جانتے ہیں خیر بھائی تو میں چپ ہو رہا اور میں نے وہی ٹھیکہ والی کوشش شروع کر دی لیکن تم نے کہا تھا کہ دکان کی بھی فکر کرتے رہو تو بھائی میں اس طرف سے بھی غافل نہیں، اب جو کچھ بھی خدا کر دے مگر آپ کی دعا سے امید ہے کہ سب کچھ ہو جائے گا۔ دکان امین آباد میں ہے جس میں چار در ہیں مگر وہ جن کے پاس ہے کہتے ہیں کہ میری ذاتی ہے، میں اس کو خالی نہ کروں گا۔

یہ بڑی مشکل ہے اگر کہیں وہ اس کی ذاتی نہ ہوتی تو بس مار لیا تھا، مگر اب کیا ہو؟ اور خوب یاد آیا، یار وہ دواوں والی ترکیب تو ایسی لاجواب ہے کہ نہ ہلدی لگے نہ پھٹکری اور رنگ چوکھا آئے، بس تمام ہندوستان کے اخباروں میں اشتہار چھپوا دینا، ہیں پھر کیا ہے جب فرمائش آئی لیا کوئلہ اور دیوار کا پلاسٹر اور دونوں کو ملا کر پیس لیا۔ بس دوا تیار ہے، تو یار ایک دن بیٹھ کر اشتہار بناڈالو۔ مگر تم تو ملتے ہی نہیں، اور وہ سنگر کمپنی کی ایجنسی بھی یوں ہی رہ گئی، تم اپنے وعدوں کو بالکل یاد نہیں رکھتے اچھا تو کل کی رہی، ضرور دیکھو، فرق نہ ہو"

--- یہ تمام تجاویز تھیں جن کی تحریک و تائید میں آپ شریک تھے یا جن کا آپ سے کوئی تعلق تھا، ورنہ ان حضرات کے ذہن میں تو نہیں معلوم کتنی تجاویز ایسی بھی ہوں گی جن سے آپ کو کوئی دلچسپی نہیں، لیکن آپ کی طرح کے دوسرے ہمدردوں کو دلچسپی ہے مثلاً کسی نے تو یہ رائے دی ہو گی کہ ایک ہوٹل کھول لو، اب شخص سے جو گفتگو ہو گی وہ تمام تر ہوٹل کے متعلق ہو گی، کسی دوسرے شخص نے واشنگ فیکٹری کھولنے کی صلاح دی ہے تو اس سے واشنگ فیکٹری کے متعلق تبادلہ خیال کا سلسلہ جاری رہے گا کہ دھوبیوں کا انتظام کہاں سے کیا جائے، کتنے دھوبی کافی ہوں گے، کم از کم تین الماریاں، دو بڑی میزیں، ایک آفس ٹیبل وغیرہ کی ضرورت ہو گی اور پھر کپڑا دھونے کی جگہ کا اس طرح انتظام کیا جائے کہ وہاں پانی کی فراوانی بھی ہو اور وہ جگہ دکان سے قریب بھی ہو۔

مختصر یہ کہ تمام نشیب و فراز صرف ایک تجویز سے تعلق رکھتے ہیں اور اس تجویز کا تعلق بھی صرف ایک کرم فرما سے ہے، اسی طرح جتنے خدا نے ہمدرد پیدا کئے ہیں اتنی ہی مختلف تجاویز بھی ہیں۔ لیکن ان حضرات کا یہ حال ہے کہ ہر شخص کی ہمدردی قبول اور ہر کام کو شروع کرنے پر اس طرح آمادہ کہ بس گویا کل ہی سے شروع ہو جائے گا۔ اگر آپ

کو اپنی بتائی ہوئی ترکیبوں کے علاوہ ان تمام تجاویز کا علم ہو جائے جو آپ کے بے روزگار دوست کے ذہن میں ہیں تو آپ کو تعجب ہو گا کہ یہ شخص ایسا دماغ رکھتا ہے جو خزانہ ہے تجاویز کا اور ہر تجویز کے ساتھ ایسی مکمل معلومات اس کے ذہن میں محفوظ ہیں کہ وہ "زندہ انسائیکلوپیڈیا" بن کر رہ گیا ہے اور یہ سب اسی بیکاری کے طفیل ہوا ہے جس سے وہ کسی نہ کسی طرح چھوٹنا چاہتا ہے۔

یہ جو آپ کثیر التعداد ادبی رسالے دیکھ رہے ہیں اور جو بے شمار "نکل آئے گویا کہ مٹی کے پر" کی طرح کے انشاء پرداز پیدا ہوگئے ہیں ، ان سب کے متعلق اگر آپ تحقیقات کریں گے تو ان کے عالم وجود میں آنے کا سبب زیادہ تر یہی بیکاری ہوئی ہو گی ، انہوں نے بیکار ہونے کے بعد یہ سوچا کہ کچھ کرنا چاہیے ، اور کسی نے ان کو رائے دی کی ادیب بن جاو، مضمون لکھا کرو، بس انہوں نے لکھنا شروع کر دیا اور ان ہی کی ترکیب کے پیدا ہونے والے رسالوں نے ان مضامین کو شائع کرنا شروع کر دیا۔

اس "کند ہم جنس باہم جنس پرواز" کا نتیجہ یہ ہوا کہ وہ حضرت جن کو حقیقۃ ادب سے کوئی تعلق نہ تھا ادیب بن گئے اور وہ رسالہ جو نہیں معلوم کیا تھا علمی، ادبی رسالہ بن گیا، اب کر لیجیے جو کچھ آپ کر سکتے ہیں، زیادہ سے زیادہ آپ یہ کر سکتے ہیں کہ

اب آبروئے شیوہ اہلِ نظر گئی

کہہ کر اپنی "شوکت تھانویت" سے مستعفی ہو جائیں ، لیکن وہ لوگ تو آپ کی وجہ سے مضامین لکھنا چھوڑ نہیں سکتے جنہوں نے اپنی بے کاری کا علاج اسی کو سمجھا ہے اور جو اپنا پہاڑ کی طرح نہ کٹنے والا وقت مضمون لکھ کر کاٹتے ہیں۔

ایک دن وہ بھی آنے والا ہے کہ اگر ہم غیرت دار ہیں اور وہ حضرات مستقل مزاج لیکن اگر اسی کے ساتھ "ایڈیٹر صاحبان رسالہ جات" کی قدر شناسیاں بھی باقی ہیں تو ہم

واقعی ایک ایسا اعلان کرنے کے بعد غائب ہو جائیں گے کہ سب بچے دل سے کم از کم ایک مرتبہ یہ کہہ دیں کہ:

"خدا بخشے بہت سے خوبیاں تھیں مرنے والے میں"

(۶) استاد مرحوم

ابن انشا

الہ دین نام تھا اور چراغؔ تخلص۔ وطن مالوف ریواڑی جو گڑ گاؤں کے مردم خیز ضلع میں اہل کمال کی ایک بستی ہے اور آم کے اچار کے لیے مشہور۔ وہاں دھنیوں کے محلے میں ان کی خاندانی حویلی کے آثار اب تک موجود ہیں۔ نگڑ دادا ان کے اپنے فن کے خاتم تھے۔ شاہ غازی اورنگ زیب عالمگیر نے شہرہ سنا تو خلعت و پارچہ دے کر دلی بلوایا اور اپنی محلسرا کے لحاف بھرنے پر مامور کیا۔ اللہ دتہ نام تھا لیکن نداف الملک کے خطاب سے مشہور تھے۔ دلی میں یہ بارہ برس رہے۔

وجاہت خاندانی کے ساتھ دولت روحانی بھی استاد مرحوم کو ورثے میں ملی تھی۔ ننھیال کی طرف سے سولھویں پشت میں ان کا سلسلہ نسب نوگزے پیر سے جاملتا ہے جن کا مزار اقدس پاکستان اور ہندوستان کے قریب قریب ہر بڑے شہر میں موجود ہے اور زیارت گہِ خاص و عام ہے۔ انہی دونوں نسبتوں کا ذکر کر کے کبھی کبھی کہا کرتے کہ شاعری میرے لیے ذریعہ عزت نہیں۔ اپنے نام کے ساتھ ننگ اسلاف ضرور لکھا کرتے۔ دیکھا دیکھی دوسروں نے بھی انہیں یہی لکھنا شروع کر دیا۔

استاد مرحوم کہ پورا نام ان کا حضرت شاہ الہ دین چراغؔ چشتی نظام ریواڑوی تھا، ہمیں ہائی اسکول میں اُردو اور فارسی پڑھاتے تھے۔ وطن کی نسبت سے اردو تو ان کے گھر کی لونڈی تھی ہی، فارسی میں کمال کی وجہ یہ معلوم ہوئی کہ پچیس پشت پہلے ان کے مورثِ

اعلیٰ خراسان سے آئے تھے۔ کیوں آئے تھے؟ یہ سوال راقم کے دل میں بھی اکثر اُٹھتا تھا۔ آخر ایک روز موقع دیکھ کر پوچھ لیا اور احتیاطاً وضاحت کر دی کہ مقصد اعتراض نہیں، دریافت معلومات ہے۔ فرمایا۔ بابر کیوں آیا تھا؟ احمد شاہ ابدالی کیوں آیا تھا؟ اب جو راقم نے اس سوال نما جواب کی بلاغت پر غور کیا تو اپنی کم فہمی پر بیحد شرمندگی ہوئی۔ بابر نہ آتا تو ابراھیم لودھی کس سے شکست کھاتا؟ خاندان مغلیہ کہاں سے آتا؟ اتنی صدیاں ہندوستان کی رعایا بادشاہوں کے بغیر کیا کرتی؟ مالیہ اور خراج کس کو دیتی؟ کچھ ایسی ہی حکمت استاد مرحوم کے مورث اعلیٰ کے ہندوستان آنے میں ضرور ہوگی، جس تک معمولی ذہن کی رسائی نہیں ہو سکتی۔ خیر یہ ذکر تو ضمناً آگیا۔ مقصود کلام یہ کہ خراسان کی نسبت سے فارسی ایک طرح ان کے گھر کی زبان تھی۔ عربی کے بھی فاضل تھے، اگرچہ باقاعدہ نہ پڑھی تھی۔ عزیزم اسرار احمد کا نکاح خان بہادر ولایت علی کی پوتی سے ہوا تو استاد مرحوم ہی نے نکاح پڑھایا تھا اور کوئی کاغذ پرچہ سامنے رکھے بغیر۔

ماشاء اللہ ، استغفر اللہ ، نعوذ باللہ، لاحول ولا قوۃ الا باللہ اور ایسے ہی کئی اور عربی کے جملے بے تکان بولتے تھے۔ خیر خراسان بھی کہیں عرب ہی کی طرف کو ہے۔ لہذا عربی پر ان کا عبور جائے تعجب نہیں۔ ہاں انگریزی کی لیاقت جو انہوں نے ازخود پیدا کی تھی، اس پر راقم کو بھی حیرت ہوتی تھی۔ ایک بار ایک دیہاتی منہ اٹھائے ان کی کلاس میں گھس آیا، حضرت نے فوراً انگریزی میں حکم دیا۔ گٹ آوٹ۔ اسے تعمیل کرتے ہی بنی۔ علاقے کا مال افسر انگریز تھا۔ ایک روز اسکول میں نکل آیا اور آدھا گھنٹہ گفتگو کرتا رہا۔ استاد مرحوم برابر سمجھتے گئے اور سر ہلاتے گئے۔ بیچ بیچ میں موقع بہ موقع یس یس اور پلیز پلیز بھی کہتے جاتے تھے۔ پرانے بزرگوں سرسید، حالی، شبلی وغیرہ کے متعلق سنا ہے کہ انگریزی سمجھتے خوب تھے لیکن بولنا پسند نہ کرتے تھے۔ ہمارے استاد کا بھی یہی عمل تھا۔

ہمیں انگریزی میں ان کے تبحر کا پہلے علم نہ تھا۔ ہوا یہ کہ ایک روز ہماری انگریزی کی کلاس میں نکل آئے اور پوچھا لڑکو بتاؤ تو ماش کی دال کو انگریزی میں کیا کہتے ہیں؟ سب چپ۔ کون بتاتا۔ پھر سوال کیا۔ کریلے کی انگریزی کیا ہے؟ یہ بھی کوئی نہ بتا سکا۔ سب ایک دوسرے کا منہ تکنے لگے۔ آخر استاد مرحوم نے بتایا اور 'انگلش ٹیچر' کھول کر اس کی تصدیق بھی کرا دی۔ یہ کتاب جو انگریزی کے علم کا قاموس ہے، سفر و حضر میں استاد مرحوم کے ساتھ رہتی تھی اور بڑے بڑے انگریزی دان ان کے سامنے آنے سے کتراتے تھے کہ جانے کب کس ترکاری کا انگریزی نام پوچھ لیں۔ انگریزی تحریر پر ان کی قدرت کا اندازہ اس سے کیا جا سکتا ہے کہ دستخط انگریزی ہی میں کرتے تھے۔

استاد مرحوم نے اہل زبان ہونے کی وجہ سے طبیعت بھی موزوں پائی تھی اور ہر طرح کا شعر کہنے پر قادر تھے۔ اردو فارسی میں ان کے کلام کا بڑا ذخیرہ موجود ہے جو غیر مطبوعہ ہونے کی وجہ سے اگلی نسلوں کے کام آئے گا۔ اس علم و فضل کے باوجود انکساری کا یہ عالم تھا کہ ایک بار اسکول میگزین میں جس کے یہ نگران تھے، ایڈیٹر نے استاد مرحوم کے متعلق لکھ دیا کہ وہ سعدی کے ہم پلہ ہیں۔ انہوں نے فوراً اس کی تردید کی۔ اسکول میگزین کا یہ پرچہ ہمیشہ اپنے پاس رکھتے اور ایک ایک کو دکھاتے کہ دیکھو لوگوں کی میرے متعلق یہ رائے ہے، حالانکہ من آنم کہ من دانم۔ ایڈیٹر کو بھی جو دسویں جماعت کا طالب علم تھا، بلا کر فہمائش کی کہ عزیزی یہ زمانہ اور طرح کا ہے۔ ایسی باتیں نہیں لکھا کرتے۔ لوگ مردہ پرست واقع ہوئے ہیں۔ حسد کے مارے جانے کیا کیا کہتے پھریں گے۔

اہل علم خصوصاً شعرا کے متعلق اکثر یہ سنا ہے کہ ہمعصروں اور پیشروؤں کے کمال کا اعتراف کرنے میں بخل سے کام لیتے ہیں۔ استاد مرحوم میں یہ بات نہ تھی بہت فراخ

دل تھے۔ فرماتے، غالب اپنے زمانے کے لحاظ سے بہت اچھا لکھتا تھا۔ میر کے بعض اشعار کی بھی تعریف کرتے۔ امیر خسرو کے بھی معترف تھے۔ برملا کہتے کہ ذہین آدمی تھے اور ان کی کہہ مکرنیاں ہمیشہ یادگار رہیں گی۔ امیر خسرو کی ایک غزل استاد مرحوم کی ایک غزل کی زمین میں ہے۔ فرماتے، انصاف یہ ہے کہ پہلی نظر میں فیصلہ کرنا دشوار ہو جاتا ہے کہ ان میں سے کون سی بہتر ہے۔ پھر بتاتے کہ امیر خسرو مرحوم سے کہاں کہاں محاورے کی لغزش ہوئی ہے۔ اقبالؒ کے متعلق کہتے تھے کہ سیالکوٹ میں ایسا شاعر اب تک پیدا نہ ہوا تھا۔ اس شہر کو ان کی ذات پر فخر کرنا چاہیے۔ ایک بار بتایا کہ اقبال سے میری خط و کتابت بھی رہی ہے دو تین خط علامہ مرحوم کو انہوں نے لکھے تھے کہ کسی کو ثالث بنا کر مجھ سے شاعری کا مقابلہ کر لیجیے۔ راقم نے پوچھا نہیں کہ ان کا جواب آیا کہ نہیں۔

استاد مرحوم کو عموماً مشاعروں میں نہیں بلایا جاتا تھا کیونکہ سب پر چھا جاتے تھے اور اچھے شاعروں کو خفیف ہونا پڑتا۔ خود بھی نہ جاتے تھے کہ مجھ فقیر کو ان ہنگاموں سے کیا مطلب۔ البتہ جوبلی کا مشاعرہ ہوا تو ہمارے اصرار پر اس میں شریک ہوئے اور ہر چند کہ مدعو نہ تھے منتظمین نے ہاتھوں ہاتھ لیا۔ دیوانہ کسمنڈوی، خیال گڑگانوی اور حسرت بانس بریلوی جیسے اساتذہ اسٹیج پر موجود تھے۔ اس کے باوجود استاد مرحوم کو سب سے پہلے پڑھنے کی دعوت دی گئی۔ وہ منظر اب تک راقم کی آنکھوں میں ہے کہ استاد نہایت تمکنت سے ہولے ہولے قدم اٹھاتے مائیک پر پہنچے اور ترنم سے اپنی مشہور غزل پڑھنی شروع کی۔

ہے رشتہ غم اور دل مجبور کی گردن
ہے اپنے لیے اب یہ بڑی دور کی گردن

ہال میں ایک سناٹا چھا گیا۔ لوگوں نے سانس روک لیے۔ استاد مرحوم نے داد کے لیے صاحب صدر کی طرف دیکھا لیکن وہ ابھی تشریف نہ لائے تھے، کرسی صدارت خالی پڑی تھی۔ دوسرا شعر اس سے بھی زوردار تھا:

صد حیف کہ مجنوں کا قدم اٹھ نہیں سکتا
اور دار پہ ہے حضرت منصور کی گردن

دوسرا مصرع تمام نہ ہوا تھا کہ داد کا طوفان پھٹ پڑا۔ مشاعرے کی چھت اڑنا سنا ضرور تھا، دیکھنے کا اتفاق آج ہوا۔ اب تک شعراء ایک شعر میں ایک مضمون باندھتے رہے ہیں وہ بھی بمشکل۔ اس شعر میں استاد مرحوم نے ہر مصرع میں ایک مکمل مضمون باندھا ہے اور خوب باندھا ہے۔ لوگ اسٹیج کی طرف دوڑے۔ غالباً استاد مرحوم کی پابوسی کے لیے۔ لیکن رضاکاروں نے انہیں باز رکھا۔ اسٹیج پر بیٹھے استادوں نے جو یہ رنگ دیکھا تو اپنی غزلیں پھاڑ دیں اور اٹھ گئے۔ جان گئے تھے کہ اب ہمارا رنگ کیا جمے گا۔ ادھر لوگوں کے اشتیاق کا یہ عالم تھا کہ تیسرے شعر پر ہی فرمائش ہونے لگی۔ مقطع پڑھیے۔ مقطع پڑھیے۔۔۔ چوتھے شعر پر مجمع بے قابو ہو رہا تھا کہ صدر جلسہ کی سواری آگئی اور منتظمین نے بہت بہت شکریہ ادا کر کے استاد مرحوم کو بغلی دروازے کے باہر چھوڑ کر اجازت چاہی۔ اب ضمناً ایک لطیفہ سن لیجیے جس سے اخبار والوں کی ذہنیت عیاں ہوتی ہے۔ دوسری صبح روزنامہ 'پتنگ' کے رپورٹر نے لکھا کہ جن استادوں نے غزلیں پھاڑ دی تھیں، وہ یہ کہتے بھی سنے گئے کہ عجب نامعقول مشاعرے میں آگئے ہیں۔ لوگوں کی بے محابا داد کو اس بدباطن نے ہوٹنگ کا نام دیا اور استاد مرحوم کے اس مصرع کو صد حیف کہ مجنوں کا قدم اٹھ نہیں سکتا۔ بوجہ لاعلمی یا شرارت بجائے توارد کے سرقہ قرار دیا۔ بات فقط اتنی تھی کہ منتظمین نے ایڈیٹر پتنگ کے اہل خانہ کو مشاعرے کے پاس معقول تعداد میں نہ

بھیجے تھے۔ اگر یہ بات تھی تو اسے منتظمین کے خلاف لکھنا چاہیے تھا نہ کہ استاد مرحوم کے خلاف اور پھر اس قسم کے فقروں کا کیا جواز ہے کہ استاد چراغ شعر نہیں پڑھ رہے تھے روئی دُھن رہے تھے۔ صحیح محاورہ روئی دھنا نہیں روئی دھنکنا ہے۔

اس دن کے بعد سے مشاعرے والے استاد مرحوم کا ایسا ادب کرنے لگے کہ استاد اپنی کریم النفسی سے مجبور ہو کر پیغام بھجوا دیتے کہ میں شریک ہونے کے لیے آرہا ہوں تو وہ خود معذرت کرنے کے لیے دوڑے آتے کہ آپ کی صحت اور مصروفیات اس کی اجازت نہیں دیتیں۔ استاد تو استاد ہیں۔ ہمیں ان کے ناچیز شاگردوں کو بھی رقعہ آجاتا کہ معمولی مشاعرہ ہے۔ آپ کے لائق نہیں۔ زحمت نہ فرمائیں۔

استاد مرحوم کو رباعی، قصیدہ، غزل وغیرہ کے علاوہ تضمین سے خاص دلچسپی تھی۔ میونسپلٹی کے چیئرمین کے بچے کے ختنے پر جو دھوم دھامی مشاعرہ ہوا۔ اس کے لیے آپ نے غالبؔ کی غزل کی مخمس میں تضمین کی تھی۔ اس پر بے انتہا داد ملی۔ جب یہ بند کے چوتھے اور پانچویں مصرع پر آتے لوگ سبحان اللہ اور جزاک اللہ کے ڈونگرے برساتے۔

یہ سچ ہے کہ استاد مرحوم کا نام اتنا مشہور نہ ہوا جتنا ان کے ہمعصروں اقبالؔ، حفیظؔ، جوشؔ وغیرہ کا۔ بات یہ ہے کہ یہ زمانہ پروپیگنڈے کا ہے اور استاد مرحوم نام و نمود اور چھپنے چھپانے کے قائل نہ تھے۔ ایک بار راقم نے استاد مرحوم کے ایما پر ان کی کچھ غزلیں مختلف رسالوں کو بھجوائی تھیں۔ ان میں سے ایک لالہ چونی لال خستہؔ کے ریواڑی گزٹ میں آب و تاب سے چھپی لیکن باقی واپس آگئیں۔ آئندہ کے لیے منع کر دیا اور اپنی طرف اشارہ کر کے یہ شعر پڑھا:

اے تماشا گاہِ عالم روئے تو!

تو کجا بہرِ تماشامی روی

یہی حال ان کے مجموعوں کا ہوا۔ اپنا کلام مضبوط ولائتی کاغذ پر لکھتے تھے اور جب پورا رجسٹر ہو جاتا تو اس کی جلد بند ھوا کر جلد اوّل، جلد دوم وغیرہ لکھ کر الماری میں سجا دیتے۔ مولانا کے ہاں مخطوطات کا بہت بڑا ذخیرہ تھا اور ایک بات میں تو یہ ذخیرہ برٹش میوزیم، انڈیا آفس، خدا بخش لائبریری وغیرہ کے ذخیروں سے بھی ممیز اور فائق سمجھنا چاہیے۔ ان کتب خانوں میں سب مخطوطات پرانے زمانے کے ہیں۔ بعض تو ہزار ہزار سال پرانے۔ خستہ اور بدرنگ۔ ہاتھ لگاؤ تو مٹی ہو جائیں لیکن استاد مرحوم کے سبھی مخطوطات نہایت اچھی شکل میں تھے اور زیادہ تر ان کے اپنے ہاتھ کے لکھے ہوئے بیسویں صدی کے ، مخطوطات کا اتنا بڑا ذخیرہ غالباً کسی کے پاس نہ ہو گا۔ استاد کی چیزیں جو طباعت کے عیب سے آلودہ نہ ہوئیں، اسے بھی راقم مصلحت خداوندی سمجھتا ہے۔ اگر سبھی چیزیں چھپ جایا کریں تو قلمی نسخے کہاں سے آیا کریں اور قلمی نسخے نہ ہوں تو لوگ ریسرچ کس چیز پر کریں اور ریسرچ نہ ہو تو ادب کی ترقی رک جائے اور پی ایچ ڈی نقاد پیدا ہونے بند ہو جائیں۔

راقم نے ایک بار عرض کیا کہ ان نوادر کو تو کسی ریسرچ لائبریری میں ہونا چاہیے۔ فرمایا۔ میرا اپنا یہی خیال تھا اور میں نے پنجاب یونیورسٹی لائبریری کو لکھا بھی تھا اور مسودات کی فہرست منسلک کی تھی۔ ان بیچاروں نے شکریہ ادا کیا۔ لیکن معذرت کی کہ فی الحال ہماری لائبریری میں جگہ کی کمی ہے البتہ نعمت اللہ کباڑی مرحوم کہ دہلی کے ایک علم دوست گھرانے سے تعلق رکھتے تھے اکثر ان کے گھر کے چکر کاٹتے تھے اور مخطوطات جدید و مفید کا یہ سارا ذخیرہ اٹھانے کو تیار تھے۔ اماں بی یعنی استاد مرحوم کی منجھلی اہلیہ نے کئی بار کہا بھی کہ اس وقت اچھا بھاؤ جا رہا ہے۔ تلوا دو لیکن استاد مرحوم نے کبھی لالچ گوارہ

نہ کیا۔ جواب دیا تو یہی کہ میرا مقصد جلب منفعت نہیں، خدمت ادب ہے۔

استاد مرحوم کا خط نہایت پاکیزہ اور شکستہ تھا۔ کسی خاص صنعت میں لکھتے تھے۔ جس کا نام اس وقت راقم کے ذہن سے اتر گیا ہے۔ خوبی اس کی یہ ہے کہ صرف لکھنے والا اسے پڑھ سکتا ہے۔ راقم التحریر کے املا میں بھی جو لوگوں کو یہ خصوصیت نظر آتی ہے، ادھر ہی کا فیضان ہے۔

طبیعت میں ایجاد کا مادہ تھا۔ لکیر کے فقیر نہ تھے۔ اب اسی لفظ فیضان کو لیجیے۔ اسے وہ ظ سے لکھتے تھے۔ ایک بار طوطارام صیاد نے اس پر اعتراض بھی کیا۔ یہ صاحب ہوشیار پور کے رہنے والے تھے۔ اور معمولی تعلیم یافتہ تھے۔ استاد مرحوم نے چمک کر جواب دیا۔ یہ ہماری زبان ہے پیارے۔ ہم جیسا لکھیں گے وہی سند ہو گا۔ ماسٹر جی اپنا سا منہ لے کر رہ گئے۔ بعد میں راقم کو استاد مرحوم نے ایک مستند قلمی نسخے میں فیضان ظ سے لکھا ہوا دکھایا۔ اس نسخے کا نام یاد نہیں۔ لیکن کم از کم پچیس سال پرانا ہو گا اور خود استاد مرحوم کے ہاتھ کا لکھا ہوا تھا۔ ان شہادتوں کے باوجود وسیع القلب اتنے تھے کہ آخر عمر میں فرمایا کرتے۔ ض سے لکھنا بھی غلط نہیں۔ اسی طرح بہت سے اور الفاظ تھے۔ جن کا تلفظ اور املا وہ رواج عام سے ہٹ کر کرتے تھے۔ کوئی انگشت نمائی کرتا تو جواب دیتے کہ ہمارے گڑ گاؤں میں یونہی لکھتے اور بولتے ہیں۔ معترض چپ ہو جاتا۔

استاد مرحوم کے اوصاف حمیدہ کا حال لکھنے کے لیے ایک دفتر چاہیے۔ اس مضمون میں اس کی گنجائش نہیں۔ مختصر یہ کہ دریا دل آدمی تھے۔ کوئی شخص کوئی چیز پیش کرتا تو کبھی انکار نہ کرتے۔ دوسری طرف اس بات کا خیال رکھتے کہ کسی کے جذبات کو ٹھیس نہ لگے۔ کوئی سائل یا حاجتمند آتا تو نہ صرف یہ کہ خود کچھ نہ دیتے۔ دوسروں کو بھی منع کر دیتے تھے کہ یہ بھی تمھاری طرح انسان ہے۔ اس کی خودداری مجروح ہو گی۔ اس شخص

کو پند نصائح سے مطمئن کر کے بھیج دیتے۔

استاد مرحوم کی طبیعت خوشامد سے نفور تھی۔ راقم کو معلوم نہیں کہ محکمہ تعلیم کے افسروں اور ڈپٹی کمشنر کے علاوہ، کہ حاکم ضلع ہونے کے لحاظ سے اولوالامر کی تعریف میں آتے ہیں۔ انھوں نے کبھی کسی کا قصیدہ کہا ہو البتہ کسی افسر یا سیٹھ کے ہاں شادی ہو تو سہرا کہہ کر لے جاتے اور ترنم سے پڑھ کر سناتے۔ فرماتے یہ وضعداری ہے۔ اس کا انعام کسی نے دے دیا تو لے لیا ورنہ اصرار نہ کرتے۔ اشاعت تعلیم سے دلچسپی تھی۔ چنانچہ ہیڈ ماسٹر صاحب اور انسپکٹر تعلیمات کے بچوں کو پڑھانے جایا کرتے تھے۔

استاد مرحوم کا مسلک صُلح کل تھا۔ جس زمانے میں مولوی محمد عمر انسپکٹر تعلیمات تھے یہ تنظیم اہل سنت کے جلسوں میں باقاعدگی سے شریک ہوتے تھے۔ ان کی جگہ ظلّ حسنین امروہوی آئے تو اِن کو تنظیم سے شکائتیں پیدا ہو گئیں۔ اور اثنا عشری مسجد میں دیکھے جانے لگے۔ اہل بیت کے جو مرثیے ان کے دیوان میں ہیں، اسی زمانے کے ہیں۔ کچھ دنوں قاضی نور احمد کا تقرر بھی اس خدمت پر رہا۔ یہ قادیانی احمدی تھے۔ استاد مرحوم ان دنوں برملا فرماتے کہ مجھے تو اگر اسلام کی سچی روح کہیں نظر آتی ہے تو انہی کے ہاں۔ اس سال عید کی نماز انہوں نے احمدیوں کی مسجد میں پڑھی۔ فرماتے سبھی خدا کے گھر ہیں۔ کوئی فرق نہیں۔ پنڈت رادھے شیام ہیڈ ماسٹر ان سے ہمیشہ خوش رہے۔ انھیں استاد مرحوم ہی سے معلوم ہوا تھا کہ کرشن جی باقاعدہ نبی تھے اور تورات میں ان کی آمد کا ذکر ہے۔

موسیقی سے شغف تھا اور گلے میں نور بھی تھا۔ لیکن محلے والے اچھے نہیں تھے۔ استاد کی خواہش تھی کہ شہر سے باہر تنہا کوئی مکان ہو تو دل جمعی سے تکمیل شوق کریں۔ ویسے کبھی کبھی محفل میں ہارمونیم لے کر بیٹھ جاتے تھے کہ یہی ان کا محبوب ساز تھا۔ اور

سہگل مرحوم کی مشہور غزل ''نکتہ چیں ہے غم دل اس کو سنائے نہ بنے''، سنانی شروع کر دیتے۔ ایسے موقع پر نکتہ شناس لوگ آنکھوں ہی آنکھوں میں اشارے کر کے ایک ایک کر کے اُٹھ جاتے کیونکہ اس فن کے ریاض کے لیے تنہائی ضروری ہے۔

استاد مرحوم ہاتھ دیکھنے میں ید طُولیٰ رکھتے تھے اور طبیب حاذق بھی تھے۔ آخر میں طبابت تو انھوں نے ترک کر دی تھی۔ کیونکہ ایک مریض کے رشتہ داروں نے جو ان کے زیر علاج تھا اور ان کی تیر بہدف دو'احکمی' کی ایک خوراک کھانے کے بعد خالق حقیقی سے ملا تھا، بے وجہ ایک فساد کھڑا کر دیا تھا اور نوبت پولیس تھانے تک پہنچی تھی۔ دست شناسی کا شوق البتہ جاری رہا۔ طبابت کی طرح اس فن میں بھی نہ کسی کے شاگرد تھے نہ کوئی کتاب پڑھی۔ خود فرماتے مبدا فیاض کی دین ہے۔ ماضی کا حال نہایت صحت سے بتاتے۔ لیکن اجنبیوں کا ہاتھ دیکھنا پسند نہ کرتے تھے۔ انہی سے کھلتے جن سے دیرینہ واقفیت اور رسم وراہ ہوتی۔ مستقبل کے بارے میں ان کا اصول تھا کہ لوگوں کو صحیح بات نہ بتانی چاہیے۔ ورنہ ان کا تقدیر اور عالم غیب پر سے ایمان اُٹھ جاتا ہے۔ اس فن سے ان کی آمدنی خاصی تھی۔ اور اسی پر قانع تھے۔ اسکول کی تنخواہ بچا کر خدا کر راہ میں لوگوں کو سود پر دے دیتے تھے۔

ایسی دیدہ زیب شخصیتیں چشم فلک نے کم ہی دیکھی ہوں گی جیسے استاد چراغ رحمتہ اللہ علیہ تھے۔ قد پانچ فٹ سے بھی نکلتا ہوا۔ جسم بھرا بھرا خصوصاً کمر کے آس پاس۔ سر پر میل خورے کپڑے کی ٹوپی اور اس کے ساتھ کی شیروانی۔ راقم نے کبھی ان کو ٹوپی کے بغیر نہ دیکھا۔ ایک بار خود ہی فرمایا کہ ایک تو یہ خلاف تہذیب ہے۔ دوسرے کوّے ٹھونگیں مارتے ہیں۔ ٹانگیں چھوٹی چھوٹی تھیں۔ جس کی وجہ سے چال میں بچوں کی سی معصومیت تھی۔ رنگ سرمئی۔ آنکھیں سُرخ و سفید اور پھر جلال ایسا کہ مائیں دیکھ کر

بچوں کو چھپا لیتی تھیں۔ دانت تمباکو خوری کی کثرت سے شہید ہو گئے تھے۔ لہٰذا تمباکو چھوڑ دیا تھا۔ فقط نسوار کا شوق رکھا تھا۔ چشمہ لگاتے تھے۔ لیکن ہماری طرح چشمے کے غلام نہ تھے۔ بالعموم اس کے اوپر سے دیکھتے تھے۔ سرخ کمر بند میں چابیوں کا گچھا چاندی کے گھنگھرؤوں کی طرح بجتا۔ دور ہی سے معلوم ہو جاتا کہ حضرت تشریف لارہے ہیں۔ ایک ہاتھ میں چھ انگلیاں تھیں۔ اس لیے گیارہ تک با آسانی گن لیتے تھے۔ حواس پر ایسا قابو تھا کہ جس محفل میں چاہتے بیٹھے بیٹھے سو جاتے اور خراٹے لینے لگتے۔ پھر آپ ہی آپ اُٹھ بھی بیٹھتے۔ کھانے کا شوق ہمیشہ سے تھا۔ خصوصاً دعوتوں میں۔ فرماتے کھانے میں دو خوبیاں ہونی چاہئیں۔ اچھا ہو اور بہت ہو۔ کھانے کے آداب کا ذکر کرتے تو فرماتے کہ سب سے پہلے شروع کرو اور سب سے آخر میں ختم کرو۔ جس ضیافت میں استاد مرحوم ہوتے، لوگ کھاتے کم اور ان کی طرف رشک سے دیکھتے زیادہ تھے۔ لیکن یہ جوانی کی باتیں ہیں۔ آخر عمر میں پرہیزی کھانا کھانے لگے۔ میزبان کے ہاں پہلے سے کہلوا دیتے کہ یخنی وغیرہ کا انتظام کر لینا اور میٹھے میں سوائے حلوے کے اور کچھ نہ ہو۔ چوزے کے متعلق فرماتے کہ زود ہضم ہے۔ خون صالح پیدا کرتا ہے۔ دال سے احتراز فرماتے کہ نفخ پیدا کرتی ہے۔

بذلہ سنجی استاد مرحوم کی طبیعت میں ایسے تھی جیسے باجے میں راگ، جیسے تلوار میں جوہر۔ ”لطائف بیربل و ملا دو پیازہ“ کے سب لطیفے نوک زبان تھے۔ ان سے محفلوں کو گرماتے تھے۔ سچ تو یہ ہے کہ لطیفوں کی تخصیص نہیں۔ لوگ ان کی دوسری باتوں پر بھی ہنستے تھے۔

ایسا بڑا آدمی اور سادگی کا یہ عالم کہ کبھی خیال نہ کیا کہ لباس میلا ہے یا پیوند لگا ہے۔ فرماتے انسان کا مَن اُجلا ہونا چاہیے تن تو ایک عارضی چولا ہے۔ اس مضمون کا کبیر کا ایک

دوہا بھی پڑھتے۔ کپڑا پہننے کا سلیقہ تھا۔ ایک کالی اچکن کو پورے بیس سال تک چلایا۔ جب سردی آتی۔ اس کو جھاڑ کر پہن لیتے۔ فرماتے کپڑے کے دشمن دو ہیں۔ دھوبی اور استری۔ واقعی سچ ہے۔ یہ اچکن جو آخر میں ملگجے رنگ کی ہو گئی تھی اور دور سے چرمی نظر آتی تھی، دھوبی اور استری کے ہتھے چڑھ جاتی تو کبھی کی غارت ہو گئی ہوتی۔ ایک روز اسے پہنے راقم کے ہمراہ کسی قوالی میں جا رہے تھے۔ قوالی کرنے نہیں، سننے، کہ چوراہے پر رکنا پڑا۔ ایک مرد شریف نے نہ جانے کیا خیال کر کے ان کے ہاتھ پر ٹکا رکھ دیا۔ راقم کچھ کہنے کو تھا کہ استاد مرحوم نے اشارے سے منع کر دیا۔ اور ٹکا جیب میں ڈال لیا۔ یہی حال جوتے کا تھا۔ فرماتے جوتا ایسی چیز ہے کہ کبھی ناکارہ ہو ہی نہیں سکتا۔ تلا پھٹ جاتا تو نیا لگوا لیتے۔ اوپر کا حصہ پھٹ جاتا تو اسے بدلوا لیتے۔ داڑھی مہاراجہ رنجیت سنگھ کی طرح پُرُعب، گھنی اور لمبی۔ اسے ترشواتے نہیں تھے۔ فرماتے خدا کا نور ہے۔ بعض لوگوں کو گمان تھا کہ پیسہ بچانے کے لیے ایسا کرتے ہیں۔ لیکن یہ غلط ہے۔ ان کے پاس پیسے بہت تھے اور جمع کرنے کا شوق بھی تھا۔ لیکن پیسے کی طمع ان میں نہ تھی۔

استاد مرحوم یوں تو اپنے سبھی شاگردوں سے محبت کرتے تھے۔ حاجی امام دین سوختہ بیکری والے۔ خلیفہ اے۔ڈی۔ مقراض مالک جنٹلمین ہیر کٹنگ سیلون۔ حسین بخش مدعی، عرائض نویس وغیرہ سبھی ان کے اخلاق حسنہ اور الطاف عمیم کی گواہی دیں گے لیکن راقم سے ان کو ربط خاص تھا۔ فرماتے میرے علم و فضل کا صحیح جانشین تو ہو گا۔ رات کا کھانا اکثر راقم کے ساتھ کھاتے اور وقت کی پابندی کا لحاظ اس درجہ تھا کہ ادھر ہم دستر خوان پر بیٹھے ادھر استاد مرحوم پھاٹک سے نمودار ہوئے۔ بچوں سے لگاؤ تھا۔ جو بچہ ہمت کر کے ان کے قریب آتا انعام پاتا۔ ایک بار راقم کے بڑے بھتیجے کو ایک اکنی دی تھی۔ وہ اب تک استاد مرحوم کی یادگار کے طور پر رکھے ہوئے ہے۔

ایک دن فرمایا۔ ایک بات کہوں ؟ راقم نے عرض کیا۔ فرمایئے۔ بولے جھوٹ تو نہ سمجھوگے ؟ راقم نے کہا۔ خانہ زاد کی کیا مجال ! فرمایا۔ تو کان کھول کر سنو۔ میری نظر میں تم جوش، جگر وغیرہ بلکہ آج کل کے سبھی شاعروں سے اچھا لکھتے ہو۔ راقم نے آبدیدہ ہو کر ان کے ہاتھ کو بوسہ دیا اور عرض کیا کہ سب آپ کا فیض ہے۔ ورنہ بندہ کچھ بھی نہ تھا۔ قارئین اسی سے اندازہ کر سکتے ہیں کہ استاد مرحوم کی نظر کتنی گہری تھی اور رائے کتنی صائب۔ ان کا یہ قول راقم نے اکثر لوگوں کو سنایا۔ بعضوں نے جو انصاف پسند تھے۔ اعتراف کیا کہ ہاں ایسے استاد کا ایسا شاگرد کیوں نہ ہو۔ کچھ ایسے بھی تھے۔ جنھوں نے کہا کہ یہ بات شاید استاد نے فقط تمھارا دل بڑھانے کو کہی ہو۔ ان سے راقم کیا بحث کرتا۔ یہی کہا کہ آپ جو فرمائیں بجا ہے۔ لیکن دل میں سوچا کہ جس شخص کو زندگی بھر تملق اور زمانہ سازی سے واسطہ نہ رہا ہو وہ اس بات میں کیوں مبالغہ کرنے لگا۔ اور پھر اپنے ایک ادنیٰ شاگرد کے لیے ؟

۱۹۶۳ء عجب ظالم سال تھا۔ اس میں دنیا کو ایک طرف صدر کینیڈی کا داغ دیکھنا پڑا اور دوسری طرف علم و فضل اور جود و سخا کا یہ آفتاب جس نے واقعی چراغ بن کر زمانے کو روشن کیا تھا، غروب ہو گیا۔ عمر عزیز کے ۸۲ برس ابھی پورے نہ ہوئے تھے۔ کچھ دن باقی ہی تھے، ہائے استاد۔۔۔

تم کون سے ایسے تھے کھرے داد و ستد کے
کرتا ملک الموت تقاضا کوئی دن اور

وصال تاندلیانوالہ ہی میں ہوا جہاں استاد مرحوم پاکستان بننے کے بعد مقیم ہو گئے تھے اور گھی کی آڑھت کرتے تھے۔ سنا ہے معمولی بخار ہوا تھا۔ اور ہر چند کہ اپنے ہی مجربات سے علاج کیا، طبیعت بگڑتی ہی گئی۔ راقم کو خبر ملی تو دنیا آنکھوں میں اندھیر ہو

گئی۔ بے ساختہ زبان سے نکلا۔ ”ہائے الہ دین کا چراغ بجھ گیا“۔ عدد گنے تو پورے ۱۳۸۳ھ کیسی برجستہ اور سہل ممتنع تاریخ ہے۔ آج استاد مرحوم زندہ ہوتے تو اس کی داد دیتے۔ اُستاد کے خاندان کی کیفیت بھی مختصر الفاظ میں عرض کر دوں۔ چار شادیاں تھیں۔ پانچویں عمر بھر نہ کی۔ کیونکہ شرع سے انحراف منظور نہ تھا۔ آہ بھر کر فرماتے جب تک چاروں زندہ ہیں۔ ایک اور کیسے کرلوں۔ شرع میں چار کی اجازت بھی اس شرط کے ساتھ ہے کہ سلوک یکساں ہو۔ سو الحمد اللہ کہ چاروں کا سلوک ان سے یکساں تھا۔ لیکن استاد بھی ایسے صابر تھے کہ کبھی حرف شکایت زبان پر نہ لاتے۔ اولاد صرف ایک سے ہوئی۔ امید ہے کہ عزیز مکرم ہدایت علی ان کے فرزند اکبر جو خود بھی موزوں طبع ہیں اور فراغ تخلص کرتے ہیں، اپنے والد کے صحیح جانشین ثابت ہوں گے۔ رسمی تعلیم ان کی زیادہ نہیں۔ صفائے باطن کے مراحل فقیروں کے تکیوں اور قوالی کی محفلوں میں طے کیے۔ یہ معلوم کر کے خوشی ہوئی کہ استاد مرحوم کے وصال کے بعد سر عام شراب پینا انھوں نے ترک کر دیا ہے۔ اور افیم بھی اب اعتدال سے کھاتے ہیں۔ یہ بھی اپنے نامی والد کی طرح روپے کو ہاتھ کا میل سمجھتے ہیں۔ لہٰذا تعزیت کے خط کے جواب میں فوراً پانچ سو روپے منگوا بھیجے۔ راقم نے لکھا کہ عزیزی اس خانوادے پر متاع دل و جان نثار کر چکا ہوں۔ روپیہ کیا پیچھے رہ گیا؟ تم یوں کرو کہ استاد مرحوم کی قبر پر سبز چادر چڑھا کر بیٹھ جاؤ۔ خدا برکت دے گا۔ اور وہیں رزق پہنچا دیا کرے گا۔ اور اگر فتح علی، مبارک علی راضی ہو جائیں تو سبحان اللہ۔ سال کے سال عرس سراپا قدس کا اہتمام بھی کرو۔ معلوم نہیں یہ خط ان کو ملا کہ نہیں کیونکہ پھر جواب نہیں آیا اور راقم کو بھی مکروہات دنیوی سے اتنی فرصت نہ ملی کہ دوبارہ خط لکھتا۔

(۷) مجھے میرے بزرگوں سے بچاؤ

کنہیالال کپور

میں ایک چھوٹا سا لڑکا ہوں۔ ایک بہت بڑے گھر میں رہتا ہوں۔ زندگی کے دن کاٹتا ہوں۔ چونکہ سب سے چھوٹا ہوں اس لیے گھر میں سب میرے بزرگ کہلاتے ہیں۔ یہ سب مجھ سے بے انتہا محبت کرتے ہیں۔ انھیں چاہے اپنی صحت کا خیال نہ رہے، میری صحت کا خیال ضرور ستاتا ہے۔ داداجی کو ہی لیجیے۔ یہ مجھے گھر سے باہر نہیں نکلنے دیتے کیونکہ باہر گرمی یا برف پڑ رہی ہے۔ بارش ہو رہی ہے یا درختوں کے پتے جھڑ رہے ہیں۔ کیا معلوم کوئی پتّہ میرے سر پر تڑاخ سے لگے اور میری کھوپڑی پھوٹ جائے۔ ان کے خیال میں گھر اچھا خاصا قید خانہ ہونا چاہیے۔ ان کا بس چلے تو ہر ایک گھر کو جس میں بچے ہوتے ہیں سنٹرل جیل میں تبدیل کر کے رکھ دیں۔ وہ فرماتے ہیں بچوں کو بزرگوں کی خدمت کرنا چاہیے۔ یہی وجہ ہے وہ ہر وقت مجھ سے چلم بھرواتے یا پاؤں دبواتے رہتے ہیں۔

دادی جی بہت اچھی ہیں۔ پوپلا منھ، چہرے پر بے شمار جھریاں اور خیالات بے حد پرانے۔ ہر وقت مجھے بھوتوں جنوں اور چڑیلوں کی باتیں سنا سنا کر ڈراتی رہتی ہیں۔ "دیکھ بیٹا مندر کے پاس جو پیپل ہے اس کے نیچے مت کھیلنا۔ اس کے اوپر ایک بھوت رہتا ہے۔ آج سے پچاس سال پہلے جب میری شادی نہیں ہوئی تھی میں اپنی ایک سہیلی کے ساتھ اس پیپل کے نیچے کھیل رہی تھی کہ یک لخت میری سہیلی بے ہوش ہوگئی۔ اس طرح وہ

سات دفعہ ہوش میں آئی اور سات دفعہ بے ہوش ہوئی۔ جب اسے ہوش آیا تو اس نے چیخ کر کہا "بھوت"! اور وہ پھر بے ہوش ہو گئی۔ اسے گھر پہنچایا گیا جہاں وہ سات دن کے بعد مر گئی اور وہاں، پرانی سرائے کے پاس جو کنواں ہے اس کے نزدیک مت پھٹکنا۔ اس میں ایک چڑیل رہتی ہے۔ وہ بچوں کا کلیجہ نکال کر کھا جاتی ہے۔ اس چڑیل کی یہی خوراک ہے۔"

ماتا جی کو ہر وقت یہ خدشہ لگا رہتا ہے کہ پرماتما نہ کرے مجھے کچھ ہو گیا تو کیا ہو گا؟ وہ مجھے تالاب میں تیرنے کے لیے اس لیے نہیں جانے دیتیں کہ اگر میں ڈوب گیا تو؟ پٹاخوں اور پھلجھڑیوں سے اس لیے نہیں کھیلنے دیتیں کہ اگر کپڑوں میں آگ لگ گئی تو؟ پچھلے دنوں میں کرکٹ کھیلنا چاہتا تھا۔ ماتا جی کو پتا لگ گیا۔ کہنے لگیں، کرکٹ مت کھیلنا۔ بڑا خطرناک کھیل ہے۔ پرماتما نہ کرے اگر گیند آنکھ پر لگ گئی تو؟

بڑے بھائی صاحب کا خیال ہے جو چیز بڑوں کے لیے بے ضرر ہے چھوٹوں کے لیے سخت مضر ہے۔ خود چوبیس گھنٹے پان کھاتے ہیں لیکن اگر کبھی مجھے پان کھاتا دیکھ لیں فوراً ناک بھوں چڑھائیں گے۔ پان نہیں کھانا چاہیے۔ بہت گندی عادت ہے۔ سنیما دیکھنے کے بہت شوقین ہیں لیکن اگر میں اصرار کروں تو کہیں گے، چھوٹوں کو فلمیں نہیں دیکھنا چاہیے۔ اخلاق پر بہت برا اثر پڑتا ہے۔

بڑی بہن کو گانے بجانے کا شوق ہے۔ ان کی فرمائشیں اس قسم کی ہوتی ہیں "ہارمونیم پھر خراب ہو گیا ہے اسے ٹھیک کرا لاؤ۔ ستار کے دو تار ٹوٹ گئے ہیں اسے میوزیکل ہاؤس لے جاؤ۔ طبلہ بڑی خوفناک آوازیں نکالنے لگا ہے اسے فلاں دکان پر چھوڑ آؤ۔" جب انھیں کوئی کام لینا ہو تو بڑی میٹھی بن جاتی ہیں۔ کام نہ ہو تو کاٹنے کو دوڑتی ہیں۔ خاص کر جب ان کی سہیلیاں آتی ہیں اور وہ طرح طرح کی فضول باتیں بناتی ہیں،

اس وقت میں انھیں زہر لگنے لگتا ہوں۔

لے دے کر سارے گھر میں ایک غمگسار ہے اور وہ ہے میرا کتّا " موتی "۔ بڑا شریف جانور ہے۔ وہ نہ تو بھوتوں اور چڑیلوں کے قصّے سنا کر مجھے خوف زدہ کرنے کی کوشش کرتا، نہ مجھے نالائق کہہ کر میری حوصلہ شکنی کرتا ہے اور نہ اسے جاسوسی ناول پڑھنے کا شوق ہے اور نہ ستار بجانے کا۔ بس ذرا موج میں آئے تو تھوڑا سا بھونک لیتا ہے۔ جب اپنے بزرگوں سے تنگ آجاتا ہوں تو اسے لے کر جنگل میں نکل جاتا ہوں۔ وہاں ہم دونوں تیتریوں کے پیچھے بھاگتے ہیں۔ دادا جی اور دادی جی سے دور۔ پتا جی اور ماتا جی سے دور۔ بھائی اور بہن کی دسترس سے دور اور کبھی کبھی کسی درخت کی چھاؤں میں موتی کے ساتھ سستاتے ہوئے میں سوچنے لگتا ہوں، کاش! میرے بزرگ سمجھ سکتے کہ میں بھی انسان ہوں۔ یا کاش، وہ اتنی جلدی نہ بھول جاتے کہ وہ کبھی میری طرح ایک چھوٹا سا لڑکا ہوا کرتے تھے۔

(۸) خامہ بگوش کے قلم سے

مشفق خواجہ

نستعلیق کا ذکر آیا تو ایک لطیفہ بھی سن لیجیے۔ کچھ عرصہ ہوا نوری نستعلیق کے موجد جناب جمیل مرزا نے ایک پریس کانفرنس کی تھی۔ اس کے بعد عشائیہ بھی تھا۔ جمیل مرزا صاحب نے ایک صحافی سے پوچھا: "کیا آپ کو کھانا پسند آیا؟" صحافی نے جواب دیا: "بہت مزے کا کھانا ہے۔ ایسا معلوم ہو رہا ہے جیسے میں نوری نستعلیق نگل رہا ہوں۔"

معاف کیجیے، ہم کہاں سے کہاں پہنچ گئے۔ بات شعروں سے شروع ہوئی تھی اور ہم یہ عرض کر رہے تھے کہ مذکورہ شعر ہماری تصنیفِ لطیف نہیں ہیں۔ ممکن ہے بعض لوگ انھیں مولانا کوثر نیازی کے رشحاتِ فکر سمجھیں لیکن یہ بھی درست نہیں کیوں کہ تیسرے شعر میں تانیث کا صیغہ استعمال ہوا ہے۔ ظاہر ہے کہ مولانا صاحب اپنی سیاسی وفاداریاں بدل سکتے ہیں، صیغہ نہیں بدل سکتے۔

تمھاری یاد میں بکھر بکھر جاتا ہوں
خود سے پوچھتا ہوں کیا سبب تھا بے وفائی کا

* *

زندگی کی طلب ہے نہ مرنے کا موقف
جانے کیسے بے دلی کے عالم میں جی رہے ہیں ہم

* *

ہزار تلخیاں ہیں اپنی ذات کے ساتھ
میں کہاں بھٹک گئی ہوں تیری یاد کے ساتھ

٭٭

قارئین کرام کو زیادہ دیر تک سسپنس میں رکھنا مناسب نہیں، لہٰذا ہم بتائے دیتے ہیں کہ مذکورہ اشعار گلوکارہ ناہید اختر کے ہیں۔ لاہور کے ایک اخبار میں موصوفہ کا ایک انٹرویو شائع ہوا ہے جس میں انھوں نے انکشاف کیا ہے کہ: "یوں تو مجھے شروع ہی سے شعر گوئی کا شوق تھا لیکن گلوکاری کی مصروفیات کی وجہ سے میں اپنا شوق پورا نہ کر سکی۔ گزشتہ تین چار برس سے شعر کہنے کا شوق پھر زور پکڑ گیا تو میں نے طبع آزمائی شروع کر دی اور اب تک کئی غزلیں لکھ چکی ہوں۔"

محترمہ کا نمونۂ کلام دیکھ کر اندازہ ہوتا ہے کہ ان میں شعر کہنے کی صلاحیت بدرجۂ اتم موجود ہے۔ کاش وہ گلوکاری کی مصروفیات کو بہانہ بنا کر شاعری کے شوق کو نہ دبائیں۔ مصروفیات تو قتیل شفائی اور اقبال صفی پوری کی بھی تھیں لیکن انھوں نے کبھی اپنے شوق کو نہیں دبایا۔ ہمیشہ شاعری کو دباتے رہے۔ نتیجہ یہ ہے کہ شاعری اس حد تک دب گئی ہے کہ آج ان دونوں کا شمار بڑے شاعروں میں ہوتا ہے۔

بہر حال یہ امر مسرت کا باعث ہے کہ گزشتہ تین چار برسوں سے ناہید اختر کا شوقِ شاعری زور پکڑ گیا ہے۔ شاید اسی زور آزمائی کا نتیجہ ہے کہ ان کے شعر عروض کی پٹڑی سے اتر گئے لیکن یہ کوئی اعتراض کی بات نہیں۔ اچھے شعر کے لیے ضروری نہیں کہ وہ عروض کا پابند ہو۔ جب کسی شعر میں کام کی اور بہت سی باتیں ہوں، عروض تو کیا معنوں کو بھی بآسانی نظر انداز کیا جا سکتا ہے۔ محترمہ کے جو تین شعر اوپر درج کیے گئے ہیں ان میں بے شمار خوبیاں ہیں۔ مثلاً پہلے شعر ہی کو لیجیے۔ اس میں محترمہ نے اپنے لیے تذکیر کا صیغہ

استعمال کیا ہے جس سے ثابت ہوتا ہے کہ وہ حالات کا مردانہ وار مقابلہ کرنے کی سکت رکھتی ہیں۔ کسی کی بے وفائی کا سبب انھوں نے اپنے آپ سے پوچھا ہے، کوئی کم ہمت ہوتا تو فال نکالنے والے توتے سے پوچھتا۔

اگر ہم صاحبِ دیوان ہوتے تو اپنا دیوان دے کر محترمہ سے ان کے تینوں شعر لے لیتے۔ اب ہم یہی کر سکتے کہ محسن بھوپالی کے تینوں دیوان محترمہ کے حوالے کر دیں اور محترمہ کے تینوں شعر محسن بھوپالی کو سونپ دیں۔ سودا بُرا نہیں۔ محسن صاحب فائدے ہی میں رہیں گے کیوں کہ محترمہ نے اعلان کیا ہے کہ آیندہ وہ ٹی وی پر خود اپنا کلام گایا کریں گی۔ محسن بھوپالی کے کلام کو جب وہ اپنا کلام سمجھ کر گائیں گی تو یہ کلام زبان زدِ خاص وعام ہو جائے گا۔

ممکن ہے بعض لوگ یہ پوچھیں کہ ناہید اختر کے تین شعر محسن بھوپالی کے کس کام آئیں گے۔ اس سوال کا جواب یہ ہے کہ تینوں دیوان ناہید اختر کو دے دینے کے بعد محسن بھوپالی کے پاس کچھ نہ کچھ رہنا چاہیے۔ اگلے سال ساداتِ امروہہ کے مشاعرے میں انھیں کلام سنانا ہی ہو گا۔ یہ تین شعر وہاں کام آئیں گے۔ یہ دوسری بات ہے کہ ساداتِ امروہہ کے مشاعروں میں شعروں سے زیادہ شاعر کام آتے ہیں۔

ناہید اختر نے بتایا کہ ان میں شعر گوئی کا شوق احمد فراز اور پروین شاکر کی شاعری کے مطالعے سے پیدا ہوا ہے۔ یہ بڑی خوشی کی بات ہے کہ فراز اور پروین کی شاعری کے مطالعے کا کوئی مثبت نتیجہ ظاہر ہوا' ورنہ اب تک تو ہم نے یہی دیکھا تھا کہ ان دونوں کے کلام سے متاثر ہو کر لوگ شاعری ترک کر دیتے تھے۔

ویسے بھی آج کل زمانہ بہت خراب ہے۔ ہم نے کئی ایسے استاد دیکھے ہیں جو اصلاح کے بہانے شاگردوں کا کلام ہتھیا لیتے ہیں۔ اس سلسلے میں استاد اختر انصاری اکبر آبادی کا

ایک واقعہ ان کے شاگرد سلطان جمیل نے سنایا ہے۔ سلطان جمیل اب تو اپنے منہ کا مزہ بدلنے اور دوسروں کے منہ کا مزہ خراب کرنے کے لیے افسانے لکھتے ہیں لیکن کسی زمانے میں شعر بھی کہا کرتے تھے۔ ایک مرتبہ انھوں نے اپنی ایک غزل استاد کو اصلاح کے لیے دی۔ کچھ دنوں بعد شاگرد نے غزل واپس مانگی تو استاد نے کہا: "میاں طبیعت پر زور دے کر شعر کہا کرو تمھاری غزل تو بڑی بے مزہ تھی۔ اصلاح کی گنجائش بالکل نہیں تھی، اس لیے میں نے پھاڑ کر پھینک دی۔"

کچھ عرصے بعد یہی غزل استاد نے اپنے رسالے میں اپنے نام سے شائع کر دی۔ شاگرد نے دیکھی تو شکوہ کیا: "استاد! آپ نے تو کہا تھا کہ غزل پھاڑ کر پھینک دی، پھر یہ رسالے میں آپ کے نام سے کیسے چھپ گئی؟" استاد نے فرمایا: "میاں غلطی ہو گئی۔ جیب میں تمھاری غزل رکھی تھی اور میری بھی۔ اپنی غزل میں نے پھاڑ کر پھینک دی اور تمھاری غزل کاتب کے حوالے کر دی۔ آیندہ اصلاح کے لیے مجھے تم دو غزلیں دینا تاکہ ایک پھاڑ کر پھینک دوں تو دوسری اصلاح کے بعد تمھیں واپس کر دوں۔"

قافیہ وردیف کا بوجھ

ہم تین چیزوں سے بہت ڈرتے ہیں۔ تجریدی مصوری سے، علامتی افسانے سے اور اساتذہ کے کلام سے۔ وجہ یہ ہے کہ اِن تینوں کے مفہوم اخذ کرنا ناظر یا قاری کی ذمہ داری ہے نہ کہ مصور، افسانہ نگار اور شاعر کی۔ مصور الوان و خطوط سے، افسانہ نگار الفاظ سے اور اساتذۂ سخن ردیف و قوانی سے فن پارے کو اِس حد تک گراں بار کر دیتے ہیں کہ اُس میں مزید کوئی بار اُٹھانے کی گنجائش نہیں رہتی۔ لہٰذا مفہوم و معنی کا یہ بار ہم جیسے ناتوانوں کو اُٹھانا پڑتا ہے۔ میر تقی میر کو بھی اِس قسم کا تجربہ ہوا تھا جس کا ذکر اِس شعر میں ملتا ہے:

سب پہ جس بار نے گرانی کی

اُس کو یہ ناتواں اُٹھالایا

ہم تجریدی مصوری کی نمائشوں میں کبھی نہیں جاتے، یہاں تک احتیاط برتتے ہیں کہ جب شہر میں اِس قسم کی کوئی نمائش ہوتی ہے، تو گھر سے باہر نہیں نکلتے کہ کہیں فضائی آلودگی ہم پر بھی اثر انداز نہ ہو جائے۔ علامتی افسانے لکھنے والوں کا سامنا کرتے ہوئے گھبراتے ہیں کہ انھوں نے گفتگو میں علامتوں سے کام لیا تو ہمارا حشر بھی وہی ہوگا جو افسانے کی صنف کا ہوا ہے۔ اساتذۂ سخن کا ہم بے حد ادب کرتے ہیں اور اِسی وجہ سے ہم نے کبھی ان سے بے تکلف ہونے کی جسارت نہیں کی۔ یعنی ان کے دواوین کے قریب جانا اور چھونا تو کیا، انھیں دور سے دیکھنا بھی ہمارے نزدیک سوئِ ادب ہے۔ ہمیں اچھی طرح یاد ہے کہ جب ہم اسکول میں پڑھتے تھے، تو بڑی جماعتوں کے طالب علموں کو اُن کی شرارتوں پر جو سخت سزا دی جاتی تھی وہ یہ تھی کہ اُن سے استاد ذوق کی کسی غزل کی شرح لکھوائی جاتی تھی۔ یہی سبب ہے کہ ہم نے بڑی جماعتوں میں پہنچنے سے پہلے ہی سلسلۂ تعلیم منقطع کر لیا۔ معلوم نہیں آج کل اسکولوں میں اِس قسم کی سزائیں دینے کا رواج ہے یا نہیں۔ اگر ہوگا تو یقیناً استاد اختر انصاری اکبر آبادی کا کلام سزا دینے کے کام آتا ہوگا۔ یہ بات ہم نے بلاوجہ نہیں کہی۔ سلطان جمیل نسیم نے یہ واقعہ ہمیں سنایا ہے کہ حیدرآباد میں ایک مجرم کو پندرہ کوڑے کھانے یا استاد کی پندرہ غزلیں سننے کی سزا دی گئی۔ سزا کے انتخاب کا حق استعمال کرتے ہوئے مجرم نے کوڑے کھانے کا فیصلہ کیا کیونکہ یہ سزا نسبتاً نرم تھی۔ سلطان جمیل نسیم چونکہ افسانہ نگار ہیں، اِس لیے ممکن ہے بعض لوگ اِس واقعے کو درست نہ سمجھیں، لیکن ہمارا خیال ہے کہ کسی افسانہ نگار کا سہواً کسی واقعے کو صحیح بیان کر دینا خارج از اِمکان نہیں۔

استاد اختر انصاری شاعر ہی نہیں، ایک رسالے کے ایڈیٹر بھی ہیں۔ رسالہ تو کبھی کبھی چھپتا ہے لیکن دیوان ہر سال باقاعدگی سے شائع ہوتا ہے۔ ابھی پچھلے دنوں استاد کا بیسواں دیوان شائع ہوا تھا، تو وہ اُسے اپنے عقیدت مندوں میں قیمتاً تقسیم کرنے کے لیے کراچی تشریف لائے تھے۔ اِس سلسلے میں وہ ہم سے بھی ملے تھے۔ ہم نے عرض کیا تھا: "استاد! ہم اِس شرط پر قیمت ادا کریں گے کہ دیوان آپ کسی اور کو دے دیں۔" اس گزارش سے وہ بے حد خوش ہوئے اور فرمایا: "اگر سب عقیدت مند آپ کی طرح کے ہوں، تو پھر دیوان چھپوائے بغیر ہی اُس کا پورا ایڈیشن فروخت ہو سکتا ہے۔"

جس طرح پانچوں انگلیاں برابر نہیں ہوتیں، اُسی طرح تمام استاد بھی یکساں طور پر استادی کے درجے پر فائز نہیں ہوتے۔ حضرت تابش دہلوی کا شمار بھی اساتذۂ فن میں ہوتا ہے۔ لیکن اُن کی خوش گوئی اور خوش فکری میں کلام نہیں۔ بلاشبہ وہ ہمارے مقبول شاعروں میں سے ہیں۔ ہمارے دل میں ان کا بے حد احترام ہے۔ اسی لیے ہم نے ان کے مجموعہ ہائے کلام کو ادباً دور ہی سے دیکھا ہے۔ ان کے نئے مجموعے کو قریب سے دیکھنے کی اتفاقی صورت یوں پیدا ہو گئی ہے کہ پچھلے دنوں ہم حیدر آباد سندھ جا رہے تھے، بس میں ہمارے ساتھ جو صاحب بیٹھے تھے، اُن کے ہاتھ میں ایک کتاب تھی جسے وہ بڑے انہماک سے پڑھ رہے تھے۔ ہمیں اُن صاحب کی بد ذوقی پر حیرت ہوئی کہ بس کے تمام مسافر تو ڈرائیور کے ذاتی ریڈیو اسٹیشن سے نشر ہونے والے نازیہ اور زوہیب کے نئے گانوں سے محظوظ ہو رہے ہیں اور یہ صاحب کتاب پڑھ رہے ہیں۔ اسی دوران میں بلا ارادہ ہماری نظر اُس صفحے پر پڑی جو موصوف کے سامنے کھلا تھا۔ اس پر جلی حرفوں میں یہ عنوان درج تھا: "شان الحق حقی کی شادی پر غالب سے معذرت کے ساتھ۔" ہم شان صاحب کے پرانے نیاز مند ہیں۔ اس لیے اس عنوان پر ہمیں بے حد تعجب ہوا۔ شان صاحب کی شادی پر

غالب سے معذرت کی ضرورت ہماری سمجھ میں نہ آئی۔ شان صاحب غالب کے دیوان کی شرح لکھتے یا تضمین کرتے تو معذرت کی گنجائش تھی، مگر شادی تو بالکل ایک مختلف کام ہے۔ اس مسئلے کو حل کرنے کے لیے ہم نے اپنے ہم سفر سے کتاب دیکھنے کی اجازت چاہی تو اُنھوں نے فوراً اُسے ہمارے حوالے کر دیا، جیسے وہ اسی انتظار میں ہوں کہ کوئی ان سے کتاب لے لے۔ اس کے بعد وہ تو گانے سننے میں اور ہم کتاب کی ورق گردانی میں مصروف ہوگئے اور یوں ہم نے جناب شان الحق حقی سے نیاز مندی کا رشتہ رکھنے کی پاداش میں حضرتِ تابش دہلوی کے چوتھے مجموعہ کلام "غبارِ انجم" سے استفادہ کیا۔ اسے ہم اپنی خوش قسمتی سمجھتے ہیں۔

(۹) بارے آلو کا کچھ بیاں ہو جائے

مشتاق احمد یوسفی

دوسروں کو کیا نام رکھیں، ہم خود بیسیوں چیزوں سے چڑتے ہیں۔ کرم کلا، پنیر، کمبل، کافی اور کافکا، عورت کا گانا، مرد کا ناچ، گیندے کا پھول، اتوار کا ملاقاتی، مرغی کا گوشت، پاندان، غرارہ، خوبصورت عورت کا شوہر۔۔۔ زیادہ حد ادب کہ مکمل فہرست ہمارے فرد گناہ سے بھی زیادہ طویل اور ہری بھری نکلے گی۔ گنہ گار سہی لیکن مرزا عبد الودود بیگ کی طرح یہ ہم سے آج تک نہیں ہوا کہ اپنے تعصبات پر معقولات کا نیم چڑھا کر دوسروں کو اپنی بے لطفی میں برابر کا شریک بنانے کی کوشش کی ہو۔ مرزا تو بقول کسے، غلط استدلال کے بادشاہ ہیں۔ ان کی حمایت و وکالت سے معقول سے معقول "کاز" نہایت لچر معلوم ہونے لگتا ہے۔ اس لئے ہم سب انہیں تبلیغ دین اور حکومت کی حمایت سے بڑی سختی سے باز رکھتے ہیں۔ ان کی ایک چڑ ہو تو بتائیں۔ فہرست رنگا رنگ ہی نہیں، اتنی غریب پرور بھی ہے کہ اس میں اس فقیر بے تقصیر کا نام بھی خاصی اونچی پوزیشن پر شامل رہ چکا ہے۔ بعد میں ہم سے یہ پوزیشن بینگن کے بھرتے نے چھین لی اور اس کی جیکی کینیڈی کے دولہا اوناسس نے ہتھیالی۔ مرزا کو آج جو چیز پسند ہے کل وہ دل سے اتر جائے گی اور پرسوں تک یقیناً چڑ بن جائے گی۔ لوگ ہمیں مرزا کا ہمدم و ہمراز ہی نہیں، ہمزاد بھی کہتے ہیں۔ لیکن اس یگانگت اور تقرب کے باوجود ہم وثوق سے نہیں کہہ سکتے کہ مرزا نے آلو اور ابو الکلام آزاد کو اول اول اپنی چڑ کیسے بنایا۔ نیز دونوں کو تہائی صدی سے ایک ہی

بریکٹ میں کیوں بند کر رکھا ہے؟

بوئے یاسمن باقیست

مولانا کے باب میں مرزا کو جتنا کھرچا، تعصب کے ملمع کے نیچے خالص منطق کی یہ موٹی موٹی تہیں نکلتی چلی گئیں۔ ایک دن کئی وار خالی جانے کے بعد ارشاد فرمایا، "ایک صاحب طرز انشاء پرداز نے بانیٔ ندوۃ العلماء کے بارے میں لکھا ہے کہ شبلی پہلا یونانی تھا جو مسلمانوں میں پیدا ہوا۔ اس پر مجھے یہ گرہ لگانے کی اجازت دیجئے کہ یونانیوں کی اس اسلامی شاخ میں ابوالکلام آخری اہل قلم تھا جس نے اردو رسم الخط میں عربی لکھی۔" ہم نے کہا، "ان کی شفاعت کے لئے یہی کافی ہے کہ انہوں نے مذہب میں فلسفے کا رس گھولا۔ اردو کو عربی کا سوز و آہنگ بخشا۔" فرمایا، "ان کی نثر کا مطالعہ ایسا ہے جیسے دلدل میں تیرنا! اسی لئے مولوی عبدالحق اعلانیہ انہیں اردو کا دشمن کہتے تھے۔ علم و دانش اپنی جگہ مگر اس کو کیا کیجئے کہ وہ اپنی انا اور اردو پر آخری دم تک قابو نہ پاسکے۔ کبھی کبھار رمضان میں ان کا ترجمان القرآن پڑھتا ہوں تو (اپنے دونوں گالوں پر تھپڑ مارتے ہوئے) نعوذ باللہ محسوس ہوتا ہے گویا کلام اللہ کے پردے میں ابوالکلام بول رہا ہے!" ہم نے کہا، "لاحول ولا قوۃ! اس بزرگ کی تمام کردہ و ناکردہ خطائیں تمہیں صرف اس بناء پر معاف کر دینی چاہئیں کہ تمہاری طرح وہ بھی چائے کے رسیا تھے۔ کیا نام تھا ان کی پسندیدہ چائے کا؟ اچھا سا نام تھا، ہاں یاد آیا۔ وہائٹ جیسمین! یاسمن سفید!"

شگفتہ ہوئے۔ فرمایا، "مولانا کا مشروب بھی ان کے مشرب کی مانند تھا۔ ٹوٹے ہوئے بتوں کو جوڑ جوڑ کر امام الہند نے ایسا معبود تراشنے کی کوشش کی جو اہل سومنات کو بھی قابل قبول ہو۔ یونانی فلسفے کی عینک سے جب انہیں دین میں دنیا اور خدا میں ناخدا کا جلوہ نظر آنے لگا تو وہ مسلمان ہو گئے اور سچے دل سے اپنے آپ پر ایمان لے آئے۔ اسی

طرح یہ چینی چائے محض اس لئے ان کے دل کو بھا گئی کہ اس میں چائے کے بجائے چنبیلی کے گجرے کی لپٹ آتی ہے۔ حالانکہ کوئی شخص جو چائے پینے کا ذرا بھی سلیقہ رکھتا ہے، اس لئے چائے پیتا ہے کہ اس میں چائے کی، فقط چائے کی، مہک آتی ہے، نہ کہ چنبیلی کے تیل کا بھبکا!"

ہم نے کہا، "تعجب ہے! تم اس بازاری زبان میں اس آب نشاط انگیز کا مضحکہ اڑا رہے ہو، جو بقول مولانا، طبع شورش پسند کو سرمستیوں کی اور فکر عالم آشوب کو آسودگیوں کی دعوت دیا کرتی تھی۔" اس جملے سے ایسے بھڑکے کہ بھڑکتے چلے گئے۔ لال پیلے ہو کر بولے، "تم نے لپٹن کمپنی کا قدیم اشتہار 'چائے سردیوں میں گرمی اور گرمیوں میں ٹھنڈک پہنچاتی ہے، دیکھا ہو گا۔ مولانا نے یہاں اسی جملے کا ترجمہ اپنے مداحوں کی آسانی کے لئے اپنی زبان میں کیا ہے!" بحث اور دل شکنی کا یہ سلسلہ کافی دیر تک جاری رہا۔ لیکن مزید نقل کفر کر کے ہم اپنی دنیا و عاقبت خراب کرنا نہیں چاہتے۔ لہذا اس تشبیب کے بعد مرزا کی دوسری چڑ یعنی آلو کی طرف گریز کرتے ہیں۔

یہ دانت سلامت ہیں جب تک

مرزا کا "باس" دس سال بعد پہلی مرتبہ تین دن کی رخصت پر جا رہا تھا۔ اور مرزا نے اپنے مشیروں اور بہی خواہوں کو جشن نجات منانے کے لئے پیچ لگژری ہوٹل میں لنچ پر مدعو کیا تھا۔ وہاں ہم نے دیکھا کہ سمندری کچھوے کا شوربہ سڑ سڑ پینے کے بعد مرزا مسلم کیکڑے (مسلم کے معنی یہ ہیں کہ مرحوم کی سالم ٹانگیں، کھپرے، آنکھیں اور مونچھیں پلیٹ پر اپنی قدرتی حالت میں نظر آ رہی تھیں) پر ٹوٹ پڑے۔ ہم نے کہا، "مرزا! ہم نے تمہیں چھکا مارتی خمیری نان کھاتے دیکھا ہے، کھروں کے چٹ پٹے سریش میں ڈبو ڈبو کر، جسے تم دلی کے نہاری پائے کہتے ہو۔ مفت کی مل جائے تو سڑاندی سارڈین

یوں نگلتے ہو گویا ناک نہیں رکھتے اور تو اور رنگامائی میں چکما قبیلے کی ایک دوشیزہ کے ہاتھ سے نشیلا کسیلا جیک فروٹ لپ لپ کھاتے ہوئے فوٹو کھنچوا چکے ہو اور اس کے بعد پشاور میں چڑوں کے پکوڑے کھاتے ہوئے بھی پکڑے جا چکے ہو۔ تمہارے مشرب اکل و شرب میں ہر شے حلال ہے سوائے آلو کے!"

کھل گئے۔ فرمایا، "ہم نے آج تک کسی مولوی، کسی فرقے کے مولوی کی تندرستی خراب نہیں دیکھی۔ نہ کسی مولوی کا ہارٹ فیل ہوتے سنا۔ جانتے ہو کیا وجہ ہے؟ پہلی وجہ تو یہ کہ مولوی کبھی ورزش نہیں کرتے۔ دوسری یہ کہ سادہ غذا اور سبزی سے پرہیز کرتے ہیں!"

ہوٹل ہذا اور آلو کی عملداری

سبزی نہ کھانے کے فوائد ذہن نشین کرانے کی غرض سے مرزا نے اپنی زیر تجربہ زندگی کے ان گوشوں کو بے نقاب کی اجو آلو سے کیمیائی طور پر متاثر ہوئے تھے۔ ذکر آلو کا ہے۔ انھی کی زان غیبت بیان سے اچھا معلوم ہو گا،

تمھیں کیا یاد ہو گا۔ میں دسمبر 1951 میں منٹگمری گیا تھا۔ پہلی دفعہ کراچی سے باہر جانے کی مجبوری لاحق ہوئی تھی۔ منٹگمری کے پلیٹ فارم پر اترتے ہی محسوس ہوا گویا سردی سے خون رگوں میں جم گیا ہے۔ ادھر چائے کے اسٹال کے پاس ایک بڑے میاں گرم چائے کے بجائے مالٹے کارس پیے چلے جا رہے تھے۔ اس بندہ خدا کو دیکھ دیکھ کر اور دانت بجنے لگے۔ کراچی کا دائمی حبس اور بغیر کھڑکیوں والا کمرہ بے طرح یاد آئے۔ قلی اور تانگے والے سے صلاح و مشورے کے بعد ایک ہوٹل میں بستر الگا دیا۔ جس کا اصلی نام آج تک معلوم نہ ہو سکا لیکن منیجر سے لے کر مہتر تک سبھی اسے ہوٹل ہذا کہتے تھے۔ کمرہ صرف ایک ہی تھا جس کے دروازے پر کوئلے سے بحروف انگریزی وار "دو کمرہ نمبر 1"

لکھا تھا۔ ہوٹل ہذا میں نہ صرف یہ کہ کوئی دوسرا کمرہ نہیں تھا، بلکہ مستقبل قریب یا بعید میں اس کی تعمیر کا امکان بھی نظر نہیں آتا تھا کیونکہ ہوٹل کے تین طرف میونسپلٹی کی سڑک تھی اور چوتھی طرف اسی ادارے کی مرکزی نالی جو شہر کی گندگی کو شہر ہی میں رکھتی تھی، جنگل تک نہیں پھیلنے دیتی تھی۔ جزیرہ نمائے کمرہ نمبر 1 میں "اٹیچڈ باتھ روم" تو نہیں تھا البتہ ایک اٹیچڈ تنور ضرور تھا، جس سے کمرہ اس کڑاکے کی سردی میں ایسا گرم رہتا تھا کہ بڑے بڑے "سنٹرلی ہیٹیڈ (Centrally heated) ہوٹلوں کو مات کرتا تھا۔ پہلی رات ہم بنیان پہنے سو رہے تھے کی تین بجے صبح جو تپش سے ایکا ایکی آنکھ کھلی تو دیکھا کہ امام دین بیرا ہمارے سرہانے ہاتھ میں خون آلود چھری لئے کھڑا ہے۔ ہم نے فوراً اپنی گردن پر ہاتھ پھیر کر دیکھا۔ پھر چپکے سے بنیان میں ہاتھ ڈال کر پیٹ پر چٹکی لی اور پھر کلمہ پڑھ کے اتنی زور سے چیخ ماری کہ امام دین اچھل پڑا اور چھری چھوڑ کر بھاگ گیا۔ تھوڑی دیر بعد تین بیرے سمجھا بجھا کر اسے واپس لائے۔ اس کے اوسان بجا ہوئے تو معلوم ہوا کہ چھری سے وہ ننھی ننھی بٹیریں ذبح کر رہا تھا۔ ہم نے ایک وقار کے ساتھ کہا، "عقلمند آدمی! یہ پہلے کیوں نہ بتایا؟" اس نے فوراً اپنی بھول کی معافی مانگی اور وعدہ کیا کہ آئندہ وہ پہلے ہی بتا دیا کرے گا کہ چھری سے بٹیر ہی ذبح کرنا چاہتا ہے۔ نیز اس نے آسان پنجابی میں یہ بھی یقین دلایا کہ آئندہ وہ چیخ سن کر ڈرپوکوں کی طرح خوفزدہ نہیں ہوا کرے گا۔

ہم نے رسان سے پوچھا، "تم انہیں کیوں ذبح کر رہے تھے؟" بولا، "جناب! ضلع منٹگمری میں جانور کو حلال کر کے کھاتے ہیں! آپ بھی کھائیں گے؟" ہم نے قدرے ترشروئی سے جواب دیا، "نہیں!" اور ریلوے ٹائم ٹیبل سے پنکھا جھلتے ہوئے سوچنے لگے کہ جو لوگ دودھ پیتے بچوں کی طرح جلدی سوتے اور جلدی اٹھتے ہیں وہ اس رمز کو کیا جانیں کہ نیند کا اصل مزا اور سونے کا لطف آتا ہی اس وقت ہے جب آدمی اٹھنے کے

مقررہ وقت پر سوتا رہے کہ اس ساعت دزدیدہ میں نیند کی لذتوں کا نزول ہوتا ہے۔ اسی لئے کسی جانور کو صبح دیر تک سونے کی صلاحیت نہیں بخشی گئی۔ اپنے اشرف المخلوقات ہونے پر خود کو مبارکباد دیتے دیتے صبح ہو گئی اور ہم پوری اور آلو چھولے کا ناشتہ کر کے اپنے کام پر چلے گئے۔ تھوڑی دیر بعد معدے میں گرانی محسوس ہوئی۔ لہذا دوپہر کو آلو پلاؤ اور رات کو آلو اور پنیر کا قورمہ کھا کر تنور کی گرمائی میں ایسے سوئے کہ صبح چار بجے بیرے نے اپنے مخصوص طریقے سے ہمیں جگایا، جس کی تفصیل آگے آئے گی۔

ناشتے سے پہلے ہم سر جھکائے قمیض کا بٹن نوچ کر پتلون میں ٹانکنے کی کوشش کر رہے تھے کہ سوئی کھچ سے انگلی میں بھک گئی۔ بالکل اضطراری طور پر ہم نے انگلی اپنی قمیض کی جیب پر رکھ کر زور سے دبائی، مگر جیسے ہی دوسری غلطی کا احساس ہوا تو خون کے گیلے دھبے پر سفید پاؤڈر چھڑک کر چھپانے لگے اور دل میں سوچنے لگے کہ اللہ تعالیٰ نے بیوی بھی کیا چیز بنائی ہے۔ لیکن انسان بڑا ہی ناشکرا ہے۔ اپنی بیوی کی قدر نہیں کرتا۔ اتنے میں بیرا مقامی خالص گھی میں تلی ہوئی پوریاں لے آیا۔ منٹگمری کا اصلی گھی پاکستان بھر میں سب سے اچھا ہوتا ہے۔ اس میں چار فی صد گھی ہوتا ہے۔ بیرے نے حسب عمول اپنے ابروئے تساہل سے ہمیں کرسی پر بیٹھنے کا اشارہ کیا اور جب ہم اس پر چار کے ہندسے کی طرح تہرے ہو کر بیٹھ گئے تو ہمارے زانو پر گیلا تولیہ بچھایا اور اس پر ناشتے کے ٹرے جما کر رکھ دی۔

(ممکن ہے بعض شکی مزاج قارئین کے ذہن میں یہ سوال پیدا ہو کہ اگر کمرے میں میز یا اسٹول نہیں تھا تو بان کی چارپائی پر ناشتہ کیوں نہ کر لیا۔ شکایتاً نہیں، اطلاعاً عرض ہے کہ جیسے ہی منٹگمری کا پہلا مرغ پہلی بانگ دیتا، بیرا ہماری پیٹھ اور چارپائی کے درمیان سے بستر ایک ہی جھٹکے میں گھسیٹ لیتا۔ اپنے زور بازو اور روزمرہ کی مشق سے اس کام میں

اتنی صفائی اور مہارت پیدا کرلی تھی کہ ایک دفعہ سرہانے کھڑے ہو کر جو بستر گھسیٹا تو ہمارا بنیان تک اتر کر بستر کے ساتھ لپٹ کر چلا گیا اور ہم کھری چارپائی پر کیلے کی طرح چھلے ہوئے پڑے رہ گئے۔ پھر چارپائی کو پائینتی سے اٹھا کر ہمیں سر کے بل پھسلاتے ہوئے کہنے لگا صاب! فرنیچر خالی کرو! وجہ یہ کہ اس فرنیچر پر سارے دن "پروپرائٹر اینڈ منیجر ہوٹل ہذا" کا دربار لگا رہتا تھا۔ ایک دن ہم نے اس بے آرامی پر پر زور احتجاج کیا تو ہوٹل کے قواعد و ضوابط کا پنسل سے لکھا ہوا ایک نسخہ ہمیں دکھایا گیا، جس کے سرورق پر "ضابطہ فوجداری ہوٹل ہذا" تحریر تھا۔ اس کی دفعہ نو کی رو سے فجر کی اذان کے بعد "پسنجر" کو چارپائی پر سونے کا حق نہیں تھا۔ البتہ قریب المرگ مریض، زچہ اور یہود و نصارا اس سے مستثنٰی تھے۔ لیکن آگے چل کر دفعہ 28(ب) نے ان سے بھی یہ مراعات چھین لی تھیں۔ اس کی رو سے زچہ اور قریب المرگ مریض کو زچگی اور موت سے تین دن پہلے تک ہوٹل میں آنے کی اجازت نہیں تھی۔ "خلاف ورزی کرنے والوں کو بیروں کے حوالے کر دیا جائے گا۔")

ہم نے نگاہ اٹھا کر دیکھا تو اسے جھاڑن منہ میں ٹھونسے بڑے ادب سے ہنستے ہوئے پایا۔ ہم نے پوچھا، "ہنس کیوں رہے ہو؟" کہنے لگا، "وہ تو منیجر صاب ہنس رہے تھے، بولتے تھے، ہم کو لگتا ہے کہ کراچی کا پسنجر بٹیر کو تلیر سمجھ کے نہیں کھاتا!"

ہر چیز کے دو پہلو ہوا کرتے ہیں۔ ایک تاریک، دوسری زیادہ تاریک۔ لیکن ایمان کی بات ہے اس پہلو پر ہماری نظر بھی نہیں گئی تھی اور اب اس غلط فہمی کا ازالہ ہم پر واجب ہو گیا تھا۔ پھولی ہوئی پوری لقمہ پلیٹ میں واپس رکھتے ہوئے ہم نے رندھی ہوئی آواز میں اس جعل ساز پرند کی قیمت دریافت کی۔ بولا، "زندہ یا مردہ؟" ہم نے جواب دیا کہ ہم تو اس شہر میں اجنبی ہیں۔ فی الحال مردہ کو ہی ترجیح دیں گے۔ کہنے لگا، "دس آنے

پلیٹ ملتی ہے۔ ایک پلیٹ میں تین بٹیریں ہوتی ہیں۔ مگر جناب کے لئے تو ایک ہی راس کافی ہو گی!"

قیمت سن کر ہمارے منہ میں بھی پانی بھر آیا۔ پھر یہ بھی تھا کہ کراچی میں مویشیوں کا گوشت کھاتے کھاتے طبیعت اکتا گئی تھی۔ لہٰذا دل ہی دل میں عہد کر لیا کہ جب تک منٹگمری کا آب و دانہ ہے، طیور کے علاوہ کسی چیز کے ہاتھ نہیں لگائیں گے۔ لنچ پر بھنی ہوئی بٹیر یا چائے کے ساتھ بٹیر کا نوری چرغا سونے سے پہلے بٹیر کا آب جوش۔ اس رہائشی تنو رمیں فروکش ہوئے ہمیں چوتھا دن تھا، اور تین دن سے یہی اللے تللے تھے۔ چوتھی صبح ہم زانو پہ تولیہ اور تولیے پر ٹرے رکھے تلی ہوئی بٹیر سے ناشتہ کر رہے تھے کہ بیرے نے جھاڑن پھر منہ میں ٹھونس لی۔ ہم نے چمک کر پوچھا، "اب کیا بات ہے؟" کہنے لگا، "کچھ نہیں۔ منیجر صاب ہنس رہے تھے۔ بولتے تھے کمرہ نمبر ایک کے ہاتھ بٹیر لگ گئی ہے!" ہم نے طنزاً اٹیچڈ تنور کی طرف اشارہ کرتے ہوئے پوچھا، "تمہارے ہوٹل ہذا میں اور کون سا من و سلویٰ اترتا ہے؟" بولا، "حرام گوشت کے علاوہ دنیا بھر کی ڈش ملتی ہے، جو چاہیں آرڈر کریں، جناب! آلو مٹر، آلو گوبھی، آلو میتھی، آلو گوش، آلو مچھی، آلو بریانی، اور خدا تمہارا بھلا کرے، آلو کوفتہ، آلو بڑیا، آلو سموسہ، آلو کا رائتہ، آلو کا بھرتا، آلو کیماں (قیمہ۔۔۔)" ہم نے روک کر پوچھا، "اور سویٹ ڈش؟" بولا، "آلو کی کھیر۔" ہم نے کہا، "بھلے آدمی! تم نے تو آلو کا پہاڑہ سنا دیا۔ تمہارے ہوٹل میں کوئی ایسی ڈش بھی ہے جس میں آلو کا نام نہ آئے۔ فاتحانہ تبسم کے ساتھ فرمایا، "کیوں نہیں! پوٹے ٹو کٹلٹ! حاضر کروں جناب؟"

قصہ در اصل یہ تھا کہ ایک سال پہلے مالک ہوٹل ہذا نے ہیڈ کانسٹبل کے عہدے سے سبکدوش ہو کر زراعت کی طرف توجہ فرمائی اور زمین سے بھی انھی ہتھکنڈوں سے سونا

اگلوانا چاہا۔ مگر ہوا یہ کہ آلو کی کاشت میں پچیس سال کی ذہانت سے جمع کی ہوئی رشوت ہی نہیں بلکہ پنشن اور پراویڈنٹ فنڈ بھی ڈوب گئے۔

زمیں کھا گئی بے ایماں کیسے کیسے

پس انداز کئے ہوئے آلوؤں سے ہوٹل کے دھندے کا ڈول ڈالا۔ جنہیں اب اس کے بہترین دوست بھی تازہ نہیں کہہ سکتے تھے۔ سنا ہے بٹیر بھی اسی زمانے میں پاس پڑوس کے کھیتوں سے پکڑ لئے تھے۔

مکالمہ در مذمت آلو

"مرزا! یہ بٹیر نامہ اپنی جگہ، مگر یہ سوال ابھی تشنہ ہے کہ تم آلو کیوں نہیں کھاتے۔" ہم نے پھر وہی سوال کیا۔

"نہیں صاحب! آلو کھانے سے آدمی آلو جیسا ہو جاتا ہے۔ کوئی انگریز عورت (مرزا کی عادت ہے کہ تمام سفید فام غیر ملکیوں کو انگریز کہتے ہیں۔ مثلاً امریکہ کے انگریز، جرمنی کے انگریز حد یہ کہ انگلستان کے انگریز) جسے اپنا فگر" اور مستقبل ذرا بھی عزیز ہے، آلو کو چھوتی تک نہیں۔ سامنے سوئمنگ پول میں پیر لٹکائے یہ میم جو مصر کا بازار کھولے بیٹھی ہے، اسے تم آلو کی ایک ہوائی بھی کھلا دو تو بندہ اسی حوض میں ڈوب مرنے کو تیار ہے۔ اگر یہ کافی میں چینی کے چار دانے بھی ڈالتی ہے، یا کوئی اسے میٹھی نظر سے بھی دیکھ لے تو اس کی کیلوریز کا حساب اپنی دھوبی کی کاپی میں رکھتی ہے۔" انہوں نے جواب دیا۔

"مرزا! کیا میمیں بھی دھوبی کی کاپی رکھتی ہیں؟"

"ہاں! ان میں کی جو کپڑے پہنتی ہیں، وہ رکھتی ہیں!"

ہماری تشنگی، علم بڑھتی دیکھ کر مرزا نے آلو کی ہجو میں دلائل و نظائر کا طومار باندھ دیا۔ جہاں کہیں منطق کے ٹاٹ میں ذرا سوراخ بھی نظر آیا، وہاں مخملی مثال کا بڑا سا پیوند

اس طرح لگایا کہ جی چاہتا تھا کچھ اور سوراخ ہوتے۔ کہنے لگے کرنل شیخ کل رات ہی یورپ سے لوٹے ہیں۔ کہہ رہے تھے یورپ کی اور ہماری خواتین میں بڑا فرق ہے۔ یورپ میں جو لڑکی دور سے سترہ برس کی معلوم ہوتی ہے وہ قریب پہنچ کر ستر برس کی نکلتی ہے اور ہمارے ہاں جو خاتون دور سے ستر برس کی دکھلائی پڑتی ہے وہ نزدیک آنے پر سترہ برس کی نکلتی ہے! مگر یہ وضعداری انگلستان میں ہی دیکھی کہ جو عمر دور سے نظر آتی ہے وہی پاس سے۔ چنانچہ کمر کمر تک بالوں والی جو لڑکی دور سے انیس سال کی نظر آتی ہے وہ پاس جانے پر بھی انیس ہی سال کا "ہپی" نکلتا ہے! خیر سنی سنائی باتوں کو چھوڑو۔ اس میم کا مقابلہ اپنے ہاں کی آلو خور خواتین سے کرو۔ ادھر فانوس کے نیچے، سرخ ساری میں جو محترمہ لیٹر بکس بنی اکیلے اکیلے گپا گپ بیف اسٹیک اور آلو اڑا رہی ہیں، اماں! گنواروں کی طرح انگلی سے اشارہ مت کرو۔ ہاں! ہاں! وہی، ارے صاحب کیا چیز تھی! لگتا تھا ایک اپسرا اسید ھی اجنتا کے غاروں سے چلی آرہی ہے اور کیا فگر تھا۔ کہتے ہوئے زبان سو سو بل کھاتی ہے۔ چلتی تو قدم یوں رکھتی تھی دن جیسے کسی کے پھرتے ہیں۔

پہلے پہل مارچ 1951 میں دیکھا تھا۔ وہ صبح یاد آتی ہے تو کوئی دل پر دستک سی دینے لگتا ہے اور اب؟ اب تمہاری آنکھوں کے سامنے ہے۔ بارہ سال پہلے کی Go Go Girl گوشت کے انبار میں کہیں کھوگئی ہے۔ عشق اور آلو نے ان حالوں کو پہنچا دیا۔

ہم نے کہا، "ماروں گھٹنا پھوٹے آنکھ!" بولے، "اہل زبان کے محاورے انہی کے خلاف اندھا دھند استعمال کرنے سے پہلے پوری بات تو سن لیا کرو۔" حمیرہ وہ آئیڈیل عورت تھی جس کے خواب ہر صحت مند آدمی دیکھتا ہے یعنی شریف خاندان، خوبصورت اور آوارہ! اردو، انگریزی، فرنچ اور جرمن فراٹے سے بولتی تھی، مگر کسی بھی زبان میں "نہ" کہنے کی قدرت نہیں رکھتی تھی۔ حسن اور جوانی کی بشرکت غیرے مالک تھی۔ یہ

دونوں اشیائے لطیف جب تبرک ہو گئیں اور پلکوں کے سائے گہرے ہو چلے تو مارے باندھے ایک عقد شرعی بھی کیا۔ مگر ایک مہینے کے اندر ہی دولہا نے عروسی کمربند کا پھندا گلے میں ڈال کر خودکشی کر لی۔ جا تجھے کشمکش عقد سے آزاد کیا۔ پھر تو ایسے کان ہوئے کہ اس بچاری نے شرعی تکلفات سے خود کو کبھی مکلف نہیں کیا۔ صاحب! مرد کا کیا ہے آج کل مرد زندگی سے اکتا جاتا ہے تو شادی کر لیتا ہے اور اگر شادی شدہ ہے تو طلاق دے دیتا ہے لیکن عورت ذات کی بات اور ہے۔ بدی پہ آئی ہوئی عورت جب پریشان یا پشیمان ہوتی ہے تو ٹی ایس ایلیٹ کے بقول گراموفون ریکارڈ لگا کر اپنے جوڑے کو میکانکی انداز سے تھپتھپاتے ہوئے خواب گاہ میں بولائی بولائی نہیں پھرتی، بلکہ غذا سے غم غلط کرتی ہے۔ حمیرہ نے بھی مرد کی بے وفائی کا مقابلہ اپنے معدے سے کیا۔ تم خود دیکھ لو۔ کس رفتار سے آلو کے قتلے قاب سے پلیٹ اور پلیٹ سے پیٹ میں منتقل کر رہی ہے۔ بس اسی نے صورت سے بے صورت کر دیا۔

ہم نے ان کا وقت اور پنی رہی سہی عزت بچانے کی خاطر ان کی اس 'تھیوری' سے جھٹ اتفاق کر لیا کہ زنانہ آوارگی کی روک تھام کے لئے عقد اور آلو سے بہتر کوئی آلہ نہیں کہ دونوں سے بد صورتی اور بد صورتی سے نیک چلنی زور پکڑتی ہے۔ ان کی ہاں میں ہاں ملاتے ہوئے ہم نے کہا، "لیکن اگر آلو سے واقعی مٹاپا پیدا ہوتا ہے تو تمہارے حق میں تو الٹا مفید ہو گا کیونکہ اگر تمہارا وزن صحیح مان لیا جائے تو معیاری حساب سے تمہارا قد تین فٹ ہونا چاہئے۔ ایک دن تمہیں نے بتایا تھا کہ آستین کے لحاظ سے 17 نمبر کی قمیض تمہیں فٹ آتی ہے اور کالر کے لحاظ سے 13 نمبر!"

کرشمے کاربوہائیڈریٹ کے

اسی سال جون میں مرزا اپنے دفتر میں اگاتا کرسٹی کا تازہ ناول پڑھتے پڑھتے اچانک

بے ہوش ہو گئے۔ ہوش آیا تو خود کو ایک آرام دہ کلینک (Clinic) میں کمپنی کے خرچ پر صاحب فراش پایا۔ انہیں اس بات سے سخت مایوسی ہوئی کہ جس مقام پر انہیں دل کا شدید درد محسوس ہوا تھا، دن اس سے بالشت بھر دور نکلا۔ ڈاکٹر نے وہم دور کرنے کی غرض سے انگلی رکھ کر بتایا کہ دل یہاں نہیں، یہاں ہوتا ہے۔ اس کے بعد انہیں دل کا درد دل ہی میں محسوس ہونے لگا!

جیسے ہی ان کے کمرے سے 'مریض سے ملاقات منع ہے' کی تختی ہٹی، ہم زینیا کا گلدستہ لے کر عیادت کو پہنچے۔ دونوں ایک دوسرے کی شکل دیکھ دیکھ کر خوب روئے۔ نرس نے آکر دونوں کو چپ کرایا اور ہمیں علاحدہ لے جا کر متنبہ کیا کہ اس اسپتال میں بیمار پرسی کرنے والو کو رونا اور کراہنا منع ہے۔ ہم نے فوراً خود پر فرمائشی بشاشت طاری کر کے مرزا کو ہراساں ہونے سے منع کیا اور تلقین کی کہ مریض کو اللہ کی رحمت سے مایوس نہیں ہونا چاہیئے، وہ چاہے تو تنکے میں جان ڈال دے۔ ہماری نصیحت کا خاطر خواہ بلکہ اس سے بھی زیادہ اثر ہوا۔

"تم کیوں روتے ہو پگلے؟" ہم نے ان کی پیشانی پر ہاتھ رکھتے ہوئے کہا۔

"یونہی خیال آگیا کہ اگر تم مر گئے تو میری عیادت کو کون آیا کرے گا!" مرزا نے اپنے آنسو نرس کے رومال میں محفوظ کرتے ہوئے وجہ رقت بیان کی۔

مرض کی اصل وجہ ڈاکٹروں کے نزدیک کثرت افکار تھی۔ جسے مرزا کی زبان میں قادر البیان نے کثرت کار بنا دیا۔ خیر، اس میں تعجب کی کوئی بات نہیں تھی۔ تعجب کی بات تو یہ تھی کہ مرزا چائے کے ساتھ آلو کے "چپس" اڑا رہے تھے۔ ہم نے کہا، "مرزا! آج تم رنگے ہاتھوں پکڑے گئے۔" بولے (اور ایسی آواز میں بولے گویا کسی اندھے کنویں کے پیندے سے بول رہے ہیں۔) ڈاکٹر کہتے ہیں تمہارا وزن بہت کم ہے۔ تمہیں آلو اور

ایسی چیزیں خوب کھانی چاہئیں جن میں 'اسٹارچ' اور کاربوہائی ڈریٹ کی افراط ہو۔ صاحب! آلو ایک نعمت ہے، کم از کم سائنس کی رو سے!" ہم نے کہا، "تو پھر دباد ب آلو کھا کر ہی صحت یاب ہو جاؤ۔" فرمایا، "صحت یاب تو مجھے ویسے بھی ہونا ہی پڑے گا۔ اس لئے کہ یہ نرسیں اس قدر بد صورت ہیں کہ کوئی آدمی جو اپنے منہ پر آنکھیں رکھتا ہے، یہاں زیادہ عرصے پڑا نہیں رہ سکتا!"

وہ نئے گلے، وہ شکایتیں، وہ مزے مزے کی حکایتیں

کلینک سے نکلتے ہی مرزا نے اپنی توپوں کا رخ پھیر دیا۔ خو گر ہجو کے شب و روز اب آلو کی تعریف و توصیف میں بسر ہونے لگے۔ ایک وقت تھا کہ ویت نام پر امریکی بمباری کی خبریں پڑھ کر مرزا پچھتاوا کرتے کہ کولمبس نے امریکہ دریافت کر کے بڑی نادانی کی۔ مگر اب پیار میں آتے تو آلو کی گدرائی ہوئی گولائیوں پر ہاتھ پھیرتے ہوئے فرماتے، "صاحب! کولمبس جہنم میں نہیں جائے گا۔ اسے واپس امریکہ بھیج دیا جائے گا۔ مہذب دنیا پر امریکہ کے دو احسان ہیں، تمباکو اور آلو۔ سو تمباکو کا بیڑا تو سرطان نے غرق کر دیا۔ مگر آلو کا مستقبل نہایت شاندار ہے۔ جو ملک جتنا غربت زدہ ہو گا، اتنا ہی آلو اور مذہب کا چلن زیادہ ہو گا۔"

اور کبھی ایسا بھی ہوتا کہ حریف ظریف سائنسی ہتھیاروں سے زیر نہیں ہوا تو شاعری کے مارے وہیں ڈھیر کر دیتے۔ "صاحب! جوں جوں وقت گزرتا ہے یاد داشت کمزور ہوتی جاتی ہے۔ پہلے اپنی پیدائش کے دن ذہن سے اترا۔ پھر مہینہ اور اب تو سنہ بھی یاد نہیں رہتا، بیگم یا کسی بد خواہ سے پوچھنا پڑتا ہے۔ اکثر تمہارے لطیفے تمہیں ہی سنانے بیٹھ جاتا ہوں۔ وہ تو جب تم پیٹ پکڑ پکڑ کر ہنسنے لگتے ہو تو شک گزرتا ہے کہ لطیفہ تمہارا ہی ہو گا۔ بیگم اکثر کہتی ہیں کہ کاک ٹیل پارٹیوں اور ڈانس میں تمہیں یہ تک یاد نہیں رہتا کہ

تمہاری شادی ہو چکی ہے! غرض کہ حافظہ بالکل چوپٹ ہے۔ اب یہ آلو کا اعجاز نہیں تو اور کیا ہے کہ آج بھی کسی بچے کے ہاتھ میں بھوبل یں سنکا ہوا آلو نظر آجائے تو اس کی مانوس مہک سے بچپن کا ایک ایک واقعہ ذہن میں تازہ ہو جاتا ہے۔ میں ٹکٹکی باندھ کر اسے دیکھتا ہوں۔ اس سے پھوٹتی ہوئی سوندھی بھاپ کے پرے ایک بھولی بسری صورت ابھرتی ہے۔ گرد آلود بالوں کے پیچھے شرارت سے روشن آنکھیں۔ کرتا بٹنوں سے بے نیاز، گلے میں غلیل، ناخن دانتوں سے کترے ہوئے۔ پتنگ اڑانے والی انگلی پر ڈور کی خون آلود لکیر، بیری سے ہولے ہولے اپنی کنچلیاں اتارتا چلا جاتا ہے اور میں ننگے پاؤں تتلیوں کے پیچھے دوڑتا، رنگ برنگے بادلوں میں ریز گاری کے پہاڑ، پریوں اور آگ اگلتے اژدہوں کو بنتے بگڑتے دیکھتا۔ کھڑا رہ جاتا ہوں۔"

"یہاں تک کہ آلو ختم ہو جاتا ہے۔" ہم نے صابن کے بلبلے پر پھونک ماری، سنبھلے۔ گردش ایام کو اپنے بچپن کے پیچھے دوڑاتے دوڑاتے لگام کھینچی۔ اور گالی دینے کے لئے گلا صاف کرتے ہوئے فرمایا، "خدا جانے حکومت آلو کو بزور قانون قومی غذا بنانے سے کیوں ڈرتی ہے۔ سستا اتنا کہ آج تک کسی سیٹھ کو اس میں ملاوٹ کرنے کا خیال نہیں آیا۔ اسکنڈل کی طرح لذیذ اور زود ہضم! وٹامن سے بھرپور، خوش ذائقہ، صوفیانہ رنگ، چھلکا زنانہ لباس کی طرح، یعنی برائے نام!"

"صاف ادھر سے نظر آتا ہے ادھر کا پہلو"

دست خود دہان خود

مرزا پر اب یہ جھک سوار تھی کہ اگر صندل کا گھسنا اور لگانا درد سر کے لئے مفید ہے تو اسے اگانا کہیں زیادہ مفید ہونا چاہیے۔ حکمت و زراعت کی جن پر خار راہوں کو مستانہ طے کر کے وہ اس نتیجے پر پہنچے، ان کا اعادہ کیا جائے تو طب پر ایک پوری کتاب مرتب ہو

سکتی ہے۔ از بسکہ ہم حکیموں کی لگی لگائی روزی پہ ہاتھ ڈالنا نہیں چاہتے، اس لئے دو تین چنگاریاں چھوڑ کر دور کھڑے ہو جائیں گے۔۔۔

ایک دن ہم سے پوچھا، "بچپن میں کھٹ مٹھے بیر، میرا مطلب ہے جھر بیری کے بیر کھائے ہیں؟" عرض کیا، "جی ہاں! ہزار دفعہ۔ اور اتنی ہی دفعہ کھانسی میں مبتلا ہوا ہوں۔" فرمایا، "بس یہی فرق ہے، خرید کے کھانے میں اور اپنے ہاتھ سے توڑ کے کھانے میں۔ تجربے کی بات بتاتا ہوں۔ بیر توڑتے وقت انگلی میں کانٹا لگ جائے اور خون کی بوند پور پر تھر تھرانے لگے تو آس پاس کی جھاڑیوں کے تمام بیر میٹھے ہو جاتے ہیں!"

"سائنٹیفک دماغ میں یہ بات نہیں آتی۔" ہم نے کہا۔

ہمارا یہ کہنا تھا کہ زیادہ ابلے ہوئے آلو کی طرح تڑ ختے بکھرتے چلے گئے۔ کہنے لگے، "صاحب! بعضے حکیم یہ کرتے ہیں کہ جس کا معدہ کمزور ہو اسے اوجھڑی کھلاتے ہیں۔ جس کے گردوں کا فعل درست نہ ہو اسے گردے اور جو ضعف جگر میں مبتلا ہو اسے کلیجی۔ اگر میں حکیم ہوتا تو تمہیں مغز ہی مغز ہی مغز کھلاتا!"

راقم الحروف کے عضو ضعیف کی نشاندہی کرنے کے بعد ارشاد ہوا، "اب آلو خود کاشت کرنے کی سائنٹیفک وجہ بھی سن لو۔ پچھلے سال اترتی برسات کی بات ہے، میں ٹوبہ ٹیک سنگھ میں کالے تیتر کی تلاش میں کچے میں بہت دور نکل گیا مگر ایک تیتر نظر نہ آیا، جس کی وجہ 'گائیڈ' نے یہ بتائی کہ شکار کے لئے آپ کے پاس ڈپٹی کنسٹر کا پرمٹ نہیں ہے۔ واپسی میں رات ہو گئی اور ہماری 1945 ماڈل جیپ پر دمے کا دورہ پڑا۔ چند لمحوں بعد وہ ضعیفہ تو ایک گڑھے میں آخری ہچکی لے کر خاموش ہو گئی مگر قفس عنصری میں ہمارے طائر روح کو پرواز کرتا چھوڑ گئی۔ ہم اسٹیئرنگ پر ہاتھ رکھے دل ہی دل میں خدا کا شکر ادا کر رہے تھے کہ رحمت ایزدی سے جیپ گڑھے میں گری ورنہ گڑھے کی جگہ کنواں ہوتا تو

اس وقت خدا کا شکر کون ادا کرتا؟ نہ کبھی جنازہ اٹھتا، نہ کہیں مزار ہوتا! ہمارے قرض خواہوں پر کیا گزرتی؟ ہمارے ساتھ رقم کے ڈوبنے پر انہیں کیسے صبر آتا کہ ابھی تو ہمارے تمسک کی روشنائی بھی خشک نہیں ہوئی تھی؟ ہم ابھی ان کے اور ان کے چھوٹے بچوں کے سروں پر ہاتھ پھیر ہی رہے تھے کہ ایک کسان بکری کا نوزائیدہ بچہ گردن پر مفلر کی طرح ڈالے ادھر سے گزرا۔ ہم نے آواز دیکر بلایا۔ ابھی ہم اتنی ہی تمہید باندھنے پائے تھے کہ ہم کراچی سے آئے ہیں اور کالے تیتر کی تلاش میں تھے کہ وہ گڑھے کی طرف اشارہ کر کے کہنے لگا کہ تحصیل ٹوبہ ٹیک سنگھ میں تیتر پانی میں نہیں رہتے۔ ہمارے گائیڈ نے ہماری فوری ضروریات کی ترجمانی کی تو وہ ایسا پسیجا کہ اپنی بیل گاڑی لانے اور اسے جیپ میں جوت کر اپنے گھر لے جانے کے لئے اصرار کرنے لگا اور وہ بھی بلا معاوضہ! صاحب! اندھا کیا چاہے۔۔۔؟"

"دو آنکھیں!" ہم نے جھٹ لقمہ دیا۔

"غلط! بالکل غلط! اگر اس کی عقل بھی بینائی کے ساتھ زائل نہیں ہوئی ہے تو اندھا دو آنکھیں نہیں چاہتا، ایک لاٹھی چاہتا ہے!" مرزا نے محاورے کی بھی اصلاح فرمادی۔

ہم ہونکارا بھرتے رہے، کہانی جاری رہی، "تھوڑی دیر بعد وہ بیل گاڑی لے آیا جس کے بیل اپنی جوانی کو بہت پیچھے چھوڑ آئے تھے۔" ادوان کی رسی سے جیپ باندھتے ہوئے اس نے ہمیں بیل گاڑی میں اپنے پہلو میں اگلی سیٹ کی پیش کش کی اور ڈیڑھ دو میل دور کسی موہوم نقطے کی طرف اشارہ کرتے ہوئے تسلی دینے لگا،

"او جیڑی، نویں لالٹین بلدی پئی اے نا، اوہی میرا گھاروے۔" (وہ جہاں نئی لالٹین جل رہی ہے نا! وہی میرا گھر ہے۔)

گھر پہنچتے ہی اس نے اپنی پگڑی اتار کر چارپائی کے سیروے والے پائے کو پہنادی۔

منہ پر پانی کے چھپکے دیئے اور گیلے ہاتھ سفید بکری کی پیٹھ سے پونچھے۔ برسات کی چاندنی میں اس کے کرتے پر بڑا سا پیوند دور سے نظر آرہا تھا اور جب تھونی پر لٹکی ہوئی نئی لالٹین کی لو بھڑکی تو اس پیوند میں لگا ہوا ایک اور پیوند بھی نظر آنے لگا جس کے ٹانکے ابھی اس کی مسکراہٹ کی طرح اجلے تھے۔ اس کی گھر والی نے کھڑی چارپائی پر کھانا چن کر ٹھنڈے میٹھے پانی کے دو دھات کے گلاس پٹی پر بان چھدرا کر کے جما دیئے۔ میزبان کے شدید اصرار اور بھوک کے شدید تر تقاضے سے مجبور ہو کر جو ہم نے خشک چنائی شروع کی ہے تو یقین مانو پیٹ بھر گیا مگر جی نہیں بھرا۔ رال نگلتے ہوئے ہم نے پوچھا، "چودھری! اس سے مزے دار آلو کا ساگ ہم نے آج تک نہیں کھایا، کیا ترکیب ہے پکانے کی؟"

بولا، "بادشاہو! پہلے تے اک کلے زمین وچ پنج من امریکہ دی کھاد پاؤ۔ فیر۔۔۔" (پہلے ایک ایکڑ زمین میں پانچ من امریکی کھاد ڈالو پھر۔۔۔ (اس زمانے میں کیمیائی کھاد امریکہ سے آتی تھی)

قصہ آلو کی کاشت کا

بات اگر اب بھی گلے سے نہیں اتری تو "خود اگاؤ خود کھاؤ" سلسلے کی تیسرے داستان سنیئے جس کا عذاب ثواب مرزا کی گردن پر ہے کہ وہی اس کے فردوسی ہیں اور وہی رستم۔ داستان کا آغاز یوں ہوتا ہے،

"صاحب! بازار سے سڑے بسے آلو خرید کر کھانے سے تو یہ بہتر ہے کہ آدمی چنے بھسکتا پھرے۔ پرسوں ہم خود آلو خریدنے گئے۔ شبراتی کی دکان سے۔ ارے صاحب! وہی اپنا شبراتی جس نے چودہ پندرہ سال سے وہ سائن بورڈ لگا رکھا ہے:

مالک ایں دکان شبراتی مہاجرین
اگر کوئی دعویٰ کند باطل شود

بمقام موضع کاٹھ، عقب جامع مسجد کلاں
پوسٹ آفس قصبہ باغپت، ضلع میرٹھ۔
حال مقیم کرانچی

ہم نے ایک آلو دکھاتے ہوئے کہا، "میاں شبراتی! حال مقیم کرانچی! تمہارے آلو تو پلپلے ہیں، خراب لگتے ہیں۔" بولا، "باؤجی! خراب نکلیں تو کالا ناگ (اس کے گدھے کا نام) کے موت سے مونچھ منڈوا دینا۔ در حقیقت میں یہ پہاڑی آلو ہیں۔" ہم نے کہا، "ہمیں تو کراچی سے پانچ سو میل تک کوئی پہاڑ نقشے میں نظر نہیں آتا۔" بولا، "باؤجی! تمہارے نقشے میں اور کون سی پھل پھلاری کرانچی میں نجر آوے ہے؟ یہ رپے چھٹانک کا ساچی پان جو تمہارے غلام کے کلے میں بتاشے کی طریوں گھل رہا ہے، مقام بنگال سے آریا ہے۔ یہاں کیا دم درود رکھا ہے۔ حالیت تو یہ ہے باؤجی! کرانچی میں مٹی تلک ملیر سے آوے ہے۔ کس واسطے کہ اس میں ڈھاکہ سے منگا کے گھانس لگاویں گے۔ جوانی قسم باؤجی پشاور کے چوک یادگار میں مرغا اذان دیوے ہے تو کہیں جا کے کرانچی والوں کو صبح انڈا نصیب ہووے ہے!"

اور ایک مرد غیرت مند نے چمن زار کراچی کے دل یعنی ہاؤسنگ سوسائٹی میں آلو کی کاشت شروع کر دی۔ اگرچہ سر دست پانچ من امریکی کھاد کا انتظام نہ ہو سکا، لیکن مرزا کا جوش جنوں انہیں اس مقام پر پہنچا چکا تھا جہاں کھاد تو کھاد، وہ بغیر زمین کے بھی کاشت کرنے کا جگرا رکھتے تھے!

مرزا عبدالودود بیگ اور کھیتی باڑی! ہمارا خیال ہے کہ سارا کھیت ایئر کنڈیشن کر دیا جائے اور ٹریکٹر میں ایک راکنگ چیئر (جھولا کرسی) ڈال دی جائے تو مرزا شاید دو چار گھنٹے کے لئے کاشت کاری کا پیشہ اختیار کر لیں، جس کے بارے میں ان کا مبلغ علم بس اس قدر

ہے کہ انہوں نے سینما کے پردے پر کلین شیو ایکٹروں کو چھاتی پر مصنوعی بال چپکائے، اسٹوڈیو کے سورج کی دھوپ میں، سگریٹ کی پنی چڑھی ہوئی درانتیوں سے باجرے کے کھیت میں سے مکا کے بھٹے کاٹتے دیکھا ہے۔ یہاں یہ بتانا غالباً بے محل نہ ہوگا کہ اس سے چند سال پیشتر مرزا باغبانی کا ایک انتہائی نادر اور اتنا ہی ناکام تجربہ کر کے ہمیں ایک مضمون کا خام مواد مہیا کر چکے تھے۔ انہیں ایک دن اپنے کوٹ کا ننگا کالر دیکھ کر دفعتاً القا ہوا کہ ہونے کو تو گھر میں اللہ کا دیا سب کچھ ہے سوائے روپے کے۔ لیکن اگر باغ میں گلاب کے گملے نہیں تو جینا فضول ہے۔ انہیں زندگی میں اچانک ایک زبردست خلا محسوس ہونے لگا جسے صرف امریکی کھاد سے پر کیا جا سکتا تھا۔

اب جو آلو کی کاشت کا سودا سر میں سمایا تو ڈیڑھ دو ہفتے فقط اس موضوع پر ریسرچ ہوتی رہی کہ آلو بخارے کی طرح آلو کے بھی بیج ہوتے ہیں، یا کوئٹہ کے گلاب کی طرح آلو کی بھی ٹہنی کاٹ کر صاف ستھرے گملے میں گاڑ دی جاتی ہے۔ نیز آلو پٹ سن کی مانند گھٹنوں گھٹنوں پانی مانگتا ہے یا اخروٹ کی طرح بغیر محنت کے پشتہا پشت تک پھل دیتا رہے گا۔ دوران تحقیق ایک شق کہیں سے یہ بھی نکل آئی کہ بینگن کی طرح آلو بھی ڈلا ڈال پہ لٹکیں گے یا ترئی کی بیل کی طرح پڑوسی کی دیوار پر پڑے رہیں گے۔ پروفیسر عبد القدوس نے تو یہ شوشہ بھی اٹھایا کہ اگر رفع شر کی خاطر یہ مان لیا جائے کہ آلو واقعی زمین سے اگتے ہیں تو ڈنٹھل کا نشان کیسے مٹایا جاتا ہے؟

چھپا دست ہمت میں دست قضا ہے

پھر کیا تھا۔ کوئٹہ سے بذریعہ پی آئی اے سفید گلاب کی قلمیں منگائی گئیں۔ گملوں کو کھولتے پانی اور فنائل سے "ڈس انفکٹ" کیا گیا۔ پھر کوئٹہ کے نازک و نایاب گلاب کو کراچی کے دیمک اور کیڑوں سے محفوظ رکھنے کیلئے اوباش بکری کی مینگنی کی گرم کھاد میں

اتنی امریکی کھاد اور امریکی کھاد میں ہموزن ڈی ڈی ٹی پاؤڈر ملایا گیا۔ ابلے ہوئے پانی سے صبح و شام سینچائی کی گئی اور یہ واقعہ ہے کہ ان گملوں میں کبھی کوئی کیڑا نظر نہیں آیا اور نہ گلاب!

پروفیسر قاضی عبد القدوس کچھ غلط تو نہیں کہتے کہ مرزا حماقت بھی کرتے ہیں تو اس قدر "اوریجنل" کہ بخدا بالکل الہامی معلوم ہوتی ہے!

پایان کار مرزا نے آلو کی کاشت کے لئے زمین یعنی اپنا "لان" (جس کی افریقی گھاس کی ہریالی ایسی تھی کہ سگرٹ کی راکھ جھاڑتے ہوئے دل دکھتا تھا) تیار کیا۔ اس زراعتی تجربے کے دوران جہاں جہاں عقل محو تماشائے لب بام رہی، وہاں جوش نمرود بے خطر گلزار خلیل میں کود پڑا۔ دفتر کے چپراسیوں، اپنے پالتو خرگوش اور محلے کے لونڈے لاڑھیوں کی مدد سے دو ہی دن میں سارا لان کھود پھینکا۔ بلکہ اس کے بعد بھی یہ عمل جاری رکھا۔ یہاں تک کہ دوسری منزل کے کرایہ داروں نے ہاتھ پاؤں جوڑ کے کھدائی رکوائی، اس لئے کہ مکان کی نیو نظر آنے لگی تھی۔

اس کی شبوں کا گداز

ہمیں ڈیڑھ مہینے کے لئے کام سے ڈھاکہ جانا پڑا اور مرزا سے ملاقاتوں کو سلسلہ موقوف ہو گیا۔ خط و کتابت کا مرزا کو دماغ نہیں۔ جیسے ہی ہم واپس آئے، اناناس او منشی گنج کے کیلوں سے لدے پھندے مرزا کے ہاں پہنچے۔ ہم نے کہا، "السلام علیکم!" جواب ملا، "پھل اندر پہنچوادو۔ وعلیکم السلام!" غور سے ان کی صورت دیکھی تو دل پہ چوٹ سی لگی۔

'یہ کیا حال بنالیا تم نے؟"

"ہمیں جی بھر کے دیکھ لو۔ پھر اس صورت کو ترسوگے۔ اشتہا ختم، دواؤں پر گزارا ہے۔ دن بھر میں تین انگور کھا پاتا ہوں، وہ بھی چھلکا اتار کے۔ کھانے کے نام سے ہول

اٹھتا ہے۔ دل بیٹھا جاتا ہے۔ ہر وقت ایک بیکلی سی رہتی ہے۔ ہر چہرہ اداس اداس، ہر شے دھواں دھواں، یہ ہونکتا سناٹا، یہ چیت کی اداس چاندنی، یہ۔۔۔"

'مرزا! ہم تمھیں رومینٹک ہونے سے روک تو نہیں سکتے لیکن یہ مہینہ چیت کا نہیں ہے۔"

چیت نہ سہی، چیت جیسا ضرور ہے، ظالم۔ تم تو ایک ہندو لڑکی سے دل بھی لگا چکے ہو تمھیں بتاؤ، یہ کون سے مہینے کا چاند ہے؟" مرزا نے سوال کیا۔

"اسی مہینے کے معلوم ہوتا ہے۔" ہم نے جھجکتے ہوئے جواب دیا۔

"ہمیں بھی ایسا ہی لگتا ہے۔ صاحب! عجیب عالم ہے۔ کام میں ذرا جی نہیں لگتا اور بیکاری سے بھی وحشت ہوتی ہے۔ ذہن پراگندہ بلکہ سچ پوچھو تو محض گندہ۔ تاروں بھرے آسمان کے نیچے رات رات بھر آنکھیں پھاڑے تمہاری حماقتیں گنتا رہتا ہوں۔ تنہائی سے دل گھبراتا ہے اور لوگوں سے ملتا ہوں تو جی چاہتا ہے منہ نوچ لوں، اور صاحب! ایک دو کا ذکر کیا، سارے کے سارے نوچ لوں"

"مرزا! ہو نہ ہو، یہ عشق کے آثار ہیں!"

"بجا، لیکن اگر صاحب معاملہ پر چالیس مہاوٹیں پڑ چکی ہوں، تو یہ آثار عشق کے نہیں 'السر' کے ہیں۔ کھانا کھاتے ہی محسوس ہوتا ہے گویا کسی نے حلق سے لے کر معدے تک تیزاب کی پھریری پھیر دی ہے۔ ادھر کھایا، ادھر پیٹ پھول کر مشکیزہ ہوا، ہنسی کا رخ بھی اندر کی طرف ہو گیا ہے۔ سارا فتور آلو کا ہے۔ معدے میں ایسڈ بہت بننے لگا ہے 'پیپٹک السر ہو گیا ہے۔" ان کی آنکھیں ڈبڈبائیں۔

"اس میں ہراساں ہونے کی کیا بات ہے۔ آج کل کسی کو 'ہارٹ اٹیک'، یا السر، نہ ہو تو لوگ اس پر ترس کھانے لگتے ہیں کہ شاید بیچارہ کسی ذمہ دار عہدے پر فائز نہیں ہے!،

مگر تم تو ملازمت کو جوتے کی نوک پر رکھتے ہو۔ اپنے 'باس' سے ٹانگ پر ٹانگ رکھ کر بات کرتے ہو۔ پھر یہ کیسے ہوا؟ وقت پر سوتے ہو، وقت پر اٹھتے ہو۔ دادا کے وقتوں کی چاندی کی پتیلی میں ابالے بغیر پانی نہیں پیتے۔ وضو بھی پانی میں 'ڈلسٹرین' ملا کر کرتے ہو، جس میں 26 فیصد الکحل ہوتا ہے۔ حالات حاضرہ سے خود کو بے خبر رکھتے ہو۔ باتوں کے علاوہ کسی چیز میں ترشی کو روا نہیں رکھتے۔ تیل بھی تم نہیں کھاتے۔ دس سال سے تو ہم خود دیکھ رہے ہیں، منٹگمری کا خالص دانے دار گھی کھا رہے ہو۔" ہم نے کہا۔

"تمہیں یقین نہیں آئے گا یہ سب اسی منحوس کا فتور ہے۔ اب کی دفعہ جو سونے کے کشتہ سے زیادہ طاقت بخش گھی، کا سربمہر کنستر اپنے ہاتھ سے انگیٹھی پر تپایا تو معلوم ہے تہ میں کیا نکلا؟ تین تین انگل آلو کی دانے دار لگدی! جبھی تو میں کہوں کہ میرا بنیان تو تنگ ہو گیا، مگر وزن کیوں نہیں بڑھ رہا!" مرزا نے آکر اپنے دس سالہ مرض کی جڑ پکڑ لی، جو ضلع منٹگمری تک پھیلی ہوئی تھی۔

کیا اسیری ہے، کیا رہائی ہے

پہلے مرزا کو درد کی ذرا برداشت نہیں تھی۔ ہمارے سامنے کی بات ہے، پہلی دفعہ پیٹ میں درد ہوا تو ڈاکٹر نے مارفیا کا انجکشن تیار کیا۔ مگر مرزا نے گھگیا کر منتیں کیں کہ انہیں پہلے کلوروفارم سنگھا دیا جائے تاکہ انجکشن کی تکلیف محسوس نہ ہو! لیکن اب اپنی بیماری پر اس طرح اترانے لگے تھے جیسے اکثر اوچھے اپنی تندرستی پر اکڑتے ہیں۔ ہمیں ان کی بیماری سے اتنی تشویش نہیں ہوئی جتنی اس بات سے کہ انہیں اپنے ہی نہیں پرائے مرض میں بھی اتنی ہی لذت محسوس ہونے لگی تھی۔ بھانت بھانت کی بیماریوں میں مبتلا مریضوں سے اس طرح کرید کرید کر متعدی تفصیلات پوچھتے کہ رات تک ان کے سارے مرض اپنا لیتے۔ اس حد تک بخار کسی کو چڑھتا، سرسامی باتیں وہ کرتے۔ اس ہمدردانہ طرز

عیادت سے مرزا نے خود کو زچگی کے سوا ہر قسم کی تکلیف میں مبتلا کرلیا۔ گھر یا دفتر کی قید نہیں، نہ اپنے بیگانے کی تخصیص، ہر ملاقاتی کو اپنی آنتوں کے ناقص فعل سے آگاہ کرتے اور اس سیماب صفت ریاحی درد کا لفظی گراف بناتے جو مصافحہ کرتے وقت نفخ و قراقر کا محرک تھا۔ پھر دائیں آنکھ کے پپوٹے میں "کرنٹ" مارتا، متورم جگر کو چھیدتا، ٹلی ہوئی ناف کی طرف بڑھنے لگا تھا کہ پچھلے پہر اچانک پلٹا اور پلٹ کر دل میں برے برے خیال پیدا کرنے لگا اور پھر مرزا ہر برے خیال کو اس طرح کھول کر بیان کرتے کہ:

میں نے یہ جانا کہ گویا یہ بھی میرے دل میں ہے۔

جن لوگوں نے مرزا کو پہلے نہیں دیکھا تھا وہ تصور نہیں کرسکتے تھے کہ یہ مرد بیمار جو فائلوں پر سر جھکائے، 'السر' کی تپک مٹانے کے لئے ہر دوسرے گھنٹے ایک گلاس دودھ منہ بنا کر پی لیتا ہے، یہ چار مہینے قبل کوفتے میں ہری مرچ بھروا کر کھاتا تھا اور اس سے بھی جی نہیں بھرتا تو شام کو یہی کوفتہ ہری مرچ میں بھروا دیتا تھا۔ یہ نیم جاں جو بے مرچ مسالے کے راتب کو "انگلش فوڈ" کہہ کر صبر و شکر کے ساتھ کھا رہا ہے، یہ وہی چٹورا ہے جو چار مہینے پہلے یہ بتا سکتا تھا کہ صبح سات بجے سے لے کر رات کے نو بجے تک کراچی میں کس 'سویٹ میٹ مرچنٹ' کی کڑھائی سے اترتی گرم جلیبی مل سکتی ہے۔ ہاؤسنگ سوسائٹی کے کون سے چینی ریستوراں میں تلے ہوئے جھینگے کھانے چاہئیں جن کا چوگنا بل بناتے وقت مالک ریستوراں کی بیٹی اس طرح مسکراتی ہے کہ بخدا روپیہ ہاتھ کا میل معلوم ہوتا ہے۔ انہیں نہ صرف یہ پتہ تھا کہ لاہور میں زیورات کی کون سی دکان میں نہایت سبک "ہیر اتراش" کلائیاں دیکھنے کو ملتی ہیں، بلکہ یہ بھی معلوم تھا کہ مزنگ میں تکا کباب کی وہ کون سی دکان ہے جس کا ہیڈ آفس گوجرانوالہ میں ہے اور یہ بھی کہ کڑاکڑاتے جاڑوں میں رات کے دو بجے لال کرتی کی کس پان کی دکان پر پنڈی کے من چلے طرح

طرح کے پانوں سے زیادہ ان کے رسیلے ناموں کے مزے لوٹنے آتے ہیں۔ قصہ خوانی کے کسی مچھیل حلوائی کی دکان سے کالی گلاب جامن اور ناظم آباد کی کون سی چورنگی کے قریب گلاب میں بسا ہوا قلاقند قرض پر مل سکتا ہے۔ (یہ مفید مطلب معلومات مرزا کے ملک گیر چٹور پن کا نچوڑ ہیں۔ انہوں نے ساری عمر کیا ہی کیا ہے۔ اپنے دانتوں سے اپنی قبر کھودی ہے۔ اطلاعاً عرض ہے کہ مرزا نقد پیسے دے کر مٹھائی خریدنا فضول خرچی سمجھتے ہیں) بھلا کوئی کیسے یقین کر لیتا کہ یہ آلو اور "کاربوہائی ڈریٹ" کا شکار وہی ہے جس نے کل تک من بھاتے کھانوں کے کیسے کیسے البیلے جوڑے بنا رکھے تھے۔

کھڑے مسالے کے پسندے اور بیسنی روٹی، قیمہ بھرے کریلے اور گھی میں ترتراتے پراٹھے، مدراسی بریانی اور پارسی کوفتے (وہ بھی ایک لکھنوی پڑوسن کے ہاتھ کے) چپڑی روٹی اور اروکی پھریری دال، بھنڈی اور۔۔۔ بھنڈی! (بھنڈی کے ساتھ مرزا کسی اور چیز کو شامل کرنے کے روادار نہیں)

مرزا کو کھانے کا ایسا ہوکا ہے کہ ایک منہ انہیں ہمیشہ ناکافی معلوم ہوتا ہے! ان کے ندیدے پن کو دیکھ کر ایک دفعہ پروفیسر قاضی عبد القدوس نے کہا تھا، "مرزا تمہارا حال گرگٹ جیسا ہے۔ اس کی زبان کی لمبائی اس کے جسم کی آدھی ہوتی ہے!" مرزا کی اداس آنکھیں ایک دم مسکرا اٹھیں۔ کہنے لگے، "صاحب! خدا نے ایک پارۂ گوشت کو جانے کس لذت سے ہمکنار کر دیا۔ اگر سارا بدن اس لذت سے آشنا ہو جاتا تو انسان اس کی تاب نہ لاتا۔ زمین کی چھاتی پھٹ جاتی!"

مرزا پانچ چھ ہفتے میں پلنگ کو لات مار کر کھڑے ہو گئے۔ ہم تو اسے ان کی قوت ارادی کی کرامات ہی کہیں گے، حالانکہ وہ خود کچھ اور وجہ بتاتے تھے۔ ایک دن ان کے معدے سے خون کٹ کٹ کر آنے لگا۔ ہمیں چشم پر آب دیکھا تو ڈھارس دینے لگے،

"میں مسلمان ہوں۔ جنت کا بھی قائل ہوں، مگر مجھے وہاں جانے کی جلدی نہیں ہے۔ میں موت سے نہیں ڈرتا، مگر میں ابھی مر نہیں سکتا۔ میں ابھی مرنا نہیں چاہتا۔ اس لئے کہ اول تو تم میری موت کا صدمہ برداشت نہیں کر سکو گے۔ دوم، میں پہلے مر گیا تو تم مجھ پر مضمون لکھ دو گے!" خدا بہتر جانتا ہے کہ وہ خوف خا کہ سے صحت یاب ہوئے یا بقول شخصے مرغی کے غسل میت کے پانی سے جسے وہ چکن سوپ کہہ کر نوش جان فرمارہے تھے۔ بہر حال، بیماری جیسے آئی تھی، اسی طرح چلی گئی۔ فائدہ یہ ہوا کہ آلو سے جو بیزاری پہلے بلا وجہ تھی، اب اس کی نہایت معقول وجہ ہاتھ آگئی اور یہ سراسر مرزا کی اخلاقی فتح تھی۔

مرض الحمد للہ دور ہو چکا تھا۔ پرہیز البتہ جاری تھا۔ وہ اس طرح کہ پہلے مرزا دوپہر کے کھانے کے بعد آدھ سیر جلیبی اکیلے کھا جاتے تھے لیکن اب ڈاکٹروں نے میٹھا بند کر دیا تھا۔ لہذا آدھ سیر امرتی پر اکتفا کرتے تھے۔

آلو کا منہ کالا، بھنڈی کا بول بالا

جیسے ہی مرزا کی صحت اور طبیعت معمول پر آئی، بغدادی جم خانہ میں یار لوگوں نے شایان شان پیمانے پر غسل صحت کے جشن کا اہتمام کیا۔ استقبالیہ کمیٹی نے فیصلہ کیا کہ گھسے پٹے ڈنر ڈانس کے بجائے فینسی ڈریس بال کا اہتمام کیا جائے تاکہ ایک دوسرے پر ہنسنے کا موقع ملے۔ مہمان خصوصی تک یہ بھنک پہنچی تو انہوں نے ہماری زبانی کہلا بھیجا کہ نئے مضحکہ خیز لباس سلوانے کی چنداں ضرورت نہیں۔ ممبران اور ان کی بیگمات اگر ایمانداری سے وہی کپڑے پہنے پہنے جم خانہ چلے آئیں، جو وہ عموماً گھر میں پہنے بیٹھے رہتے ہیں تو منشاء پورا ہو جائے گا۔

رقص کے لئے البتہ ایک کڑی شرط مرزا نے یہ لگا دی کہ ہر ممبر صرف اپنی بیوی کے ساتھ رقص کرے گا، مگر اس لپک اور ہمک سے گویا وہ اس کی بیوی نہیں ہے! جشن

کی رات جم خانہ کو جھنڈیوں اور بھنڈیوں سے دلہن بنایا گیا۔ سات کورس کے ڈنر سے پہلے روئی اور کاغذ سے بنے ہوئے ایک قدم آدم آلو کی ارتھی نکالی گئی، جس پر مرزا نے اپنے ہاتھ سے برانڈی چھڑک کر ماچس دکھائی اور سرگباشی کے "ڈمپل" پر گاف کلب مار کے کریا کرم کیا۔ ڈنر کے بعد مرزا پر ٹائلٹ پیپر کے پھول برسائے گئے اور کچی کچی بھنڈیوں میں تولا گیا جن پر ابھی ٹھیک سے سنہری رواں بھی نہیں نکلا تھا۔ پھر یہ بھنڈیاں مستحقین یعنی معدے کے لکھ پتی مریضوں میں تقسیم کر دی گئیں۔ شمپین سے مہکتے ہوئے بال روم میں غبارے چھوڑے گئے۔ خالی بوتلوں کی قیمت کا عطیہ ایک یتیم خانے کو دینے کا علان کیا گیااور غسل صحت کی خوشی میں کارڈروم والوں نے جوئے کے اگلے پچھلے سارے قرضے معاف کر دیئے۔

مرزا بات بے بات پر مسکرا رہے تھے۔ تیسرا رقص ختم ہوتے ہی ہم اپنی کہنیوں سے راستہ بناتے ہویے ہم ان تک پہنچے۔ وہ اس لمحے ایک بڑے غبارے میں جلتے ہوئے سگریٹ سے سوراخ کرنے چلے تھے کہ ہم نے اس کا ذکر چھیڑ دیا جس کی جناب میں کل تک گستاخی فرشتہ پسند نہ تھی۔ "مرزا! آلو اگر اتنا ہی مضر ہے تو انگلینڈ میں اس قدر مقبول کیوں ہے؟ ایک انگریز اوسطاً دس اونس آلو یومیہ کھا جاتا ہے۔ یعنی سال میں ساڑھے پانچ من! سن رہے ہو، ساڑھے پانچ من!" بولے، "صاحب! انگریز کی کیا بات ہے! اس کی مفلسی سے بھی ایک شان ٹپکتی ہے۔ وہ پٹتا بھی ہے تو ایک ہیکڑی کے ساتھ! لن یو تانگ نے کہیں لکھا ہے کہ ہم چینیوں کے بارے میں لوگوں میں یہ مشہور کر رکھا ہے کہ قحط پڑتا ہے تو ہم اپنے بچے تک کھا جاتے ہیں۔ لیکن خدا کا شکر ہے کہ ہم انہیں اس طرح نہیں کھاتے جس طرح انگریز 'بیف' کھاتے ہیں یعنی کچا!" ہم بھی جواباً کچھ کہنا چاہتے تھے کہ ایک نکیلی ایڑی جو ایک حسین بوجھ سہارے ہوئے تھی، ہمارے پنجے میں برمے کی طرح

اتر تی چلی گئی۔ ہماری مردانہ چیخ FOR HE IS A JOLLY GOOD FELLOW کے کورس میں دب گئی۔ اور ایسٹ انڈیا کمپنی کے زمانے کا برمی ساگوان کا ڈانس فلور بہکے بہکے قدموں تلے پھر چرچرانے لگا۔

* * *